讀品文化

小心！大野狼就在你身邊

謊言就像神功一樣

拿捏的好，可以濟弱扶貧

拿捏不好，就像是犀利人妻一樣「回不去了」

對一切事情都得冷眼觀察，一切事情都得盤算掂量
別讓自己沉醉，別胡思亂想，不受誘惑
哪怕幸福就在眼前

與狼共舞，請帶條皮鞭防身

Watch Out! Big Wolf is Coming!

賤 不是一天兩天造成的

這是需要長期的積累和歷練，才能**賤無不勝，百賤百勝**

當一個人醉心於一件事的時候，這就叫作專業
當一個人刁難、無理、蠻橫集於一身的時候，就是機車

大野狼比你的野狼機車還機車

時代不同，小紅帽其實也是別有居心

陳偉慶　編著

永續圖書線上購物網 讀品文化事業有限公司

WWW.foreverbooks.com.tw

yungjiuh@ms45.hinet.net

宣洩系列 02

小心！大野狼就在你身邊

編　　著　陳偉慶
出 版 者　讀品文化事業有限公司
執行編輯　林美玲
美術編輯　林子凌

社　　址　22103 新北市汐止區大同路三段 194 號 9 樓之 1
TEL／(02)86473663
FAX／(02)86473660
總 經 銷　永續圖書有限公司
劃撥帳號　18669219
地　　址　22103 新北市汐止區大同路三段 194 號 9 樓之 1
TEL／(02)86473663
FAX／(02)86473660
出 版 日　2012年09月

法律顧問　方圓法律事務所　涂成樞律師
CVS代理　美璟文化有限公司
TEL／(02)27239968
FAX／(02)27239668

國家圖書館出版品預行編目資料

小心！大野狼就在你身邊 / 陳偉慶編著.
-- 初版. -- 新北市 : 讀品文化, 民101.09
面 ; 公分. -- (宣洩系列 ; 02)
ISBN 978-986-6070-49-5(平裝)
1.成功法
177.2　　101013338

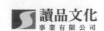

想陰我？也不先Google
一下我是誰。

與狼共舞，請帶條皮鞭防身

台上一分鐘，台下十年功。

什麼都沒準備就想靠年資成事業？

簡直就像是飛蛾撲火，自掘墳墓。

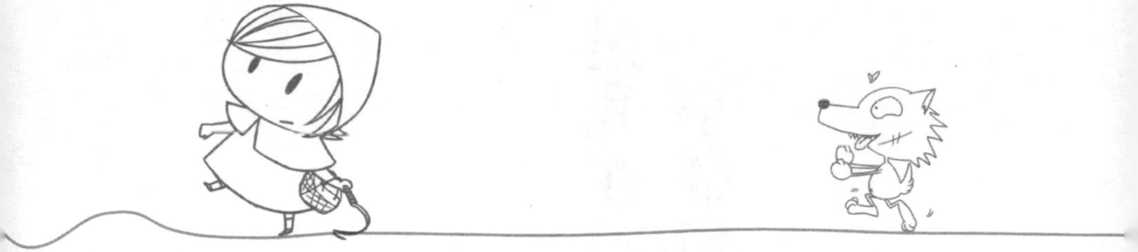

不是我在唬爛，小紅帽其實也是別有居心

POINT 2

誘人的甜頭背後總有陷阱等你跳，
別人就是要趁你沒防備的時候弄你，
不然明天就是換他遭殃。

不關大野狼的事，他是出來練賤的

POINT 3

「賤」不是一天兩天造成的。

這是需要長期的積累和歷練，

才能賤無不勝，百賤百勝。

大野狼你比野狼機車還機車

POINT 4

當一個人醉心於一件事時叫作專業；

當一個人刁難、無理、蠻橫集於一身的時候，

就是機車。

別當一個不會變通的小紅帽

POINT 5

每個招式不見得都有效，

換個方式多方嘗試，

想想加藤鷹也不是只有那一千零一招來擺平所有女優。

滿肚子虛偽的大野狼，還想扮阿嬤吃小紅帽

謊言就像神功一樣。

拿捏的好，可以濟弱扶貧；

拿捏不好，就像是犀利人妻一樣「回不去了」。

打從娘胎沒見過「賤」得
這麼徹底的狼……

Point. 1

猶豫、沒前膽性

與狼共舞，請帶條皮鞭防身

台上一分鐘，台下十年功。

什麼都沒準備就想靠年資成事業？
簡直就像是飛蛾撲火，自掘墳墓。

善於釣魚的老人

知道事物應該是什麼樣，說明你是聰明人；知道事物實際上是什麼樣，說明你是有經驗的人；知道怎樣使事物變得更好，證明你是有才能的人。

羅傑走下碼頭，看見一些人在釣魚。出於好奇，他走近去看釣到了什麼魚，卻看到了其中有一個桶子是滿滿一桶魚。

那只桶子是一位老人的，只見他無表情地從水中拉起線，摘下魚，丟到桶裡，又把線拋回水裡。他的動作像是一個工廠裡的工人，而不像是一個垂釣者在揣摩釣鉤周圍是否有魚一般，好像他就是知道魚會上鉤。

羅傑發現，不遠的地方還有七個人在釣魚，老人每從水中拉上一條魚，他們就大聲抱怨一陣，抱怨自己仍然舉著一根空釣桿。

這樣持續了半小時，只見老人依然猛拉線、收線，七個人仍是嘟嘟囔囔地看著老人摘魚，又把線拋回去。這段時間其他人沒有一個釣上過魚，儘管他們只處在距老人不到十幾公尺遠的地方。

羅傑覺得這真是太有意思了！是怎麼回事？

羅傑走近一步想看個究竟。

原來那些人都在甩錨鉤（甩錨鉤是指人們用一套帶墜的鉤沉到水裡後再猛然拉起，希望能湊巧掛住一群游過去的小魚當中的某一條）。這七個人都拚命在棧橋下面揮舞著手臂，試圖鉤起一群群游過的小魚中的某條魚。

而那位老人卻是把鉤沉下去，等一會兒，感到線往下一拖，然後猛拉線。當然，他有魚釣上來了。

老頭兒收穫了魚，而他百發百中的祕密在於：只在鉤子上方用一點誘餌而已！他一把線放下去，魚就會開始咬餌食，他會感覺線動，然後再把魚鉤從一群魚當中一拉，就中了！

讓羅傑驚訝的不是那位老人簡單的智慧，而是，那一群嘟嘟囔囔的人，知道老人在幹什麼，是怎樣使用最簡單的方法獲得超級效果的。但他們做了些什麼改變呢？

什麼也沒有！

小紅帽生存鐵則

一個人要生活得很自在，又要過得好，不僅需要努力，也是需要一點方法和技巧的。提升你的技巧、能力，注意工作的方法，你才能把事情做得又快又好！

許多人知道要成功他們必須做什麼，但他們卻遲遲不願採取正確的行動。成功的祕密是這樣的：不要只是想著採取行動，而是要「採取正確的行動！」

不要讓**他人**來替你做決定

池田大作說：「自己的路由自己決定，不要依賴任何人。不把抉擇權交給別人，才能避免遺憾。」

美國第四十任總統雷根，小時候曾到一家製鞋店做一雙鞋。

鞋匠問年幼的雷根：「你是想要方頭鞋還是圓頭鞋？」雷根不知道哪種鞋適合自己，一時回答不上來。於是，鞋匠叫他回去考慮清楚後再來告訴他。

過了幾天，這位鞋匠在街上碰見雷根，又問起鞋子的事情。不過，雷根仍然舉棋不定。最後，鞋匠對他說：「好吧，我知道該怎麼做了，兩天後你來拿新鞋。」

去店裡拿鞋的時候，雷根發現鞋匠為自己做的鞋子一隻是方頭的，另一隻是圓頭的。「怎麼會這樣？」他感到納悶。

「等了你幾天，你都拿不定主意，當然就由我來決定啦。這是給你一個教訓，不要讓人家來替你做決定。」鞋匠回答。

雷根後來回憶起這段往事時說：「從那以後，我認識到一點，就是自己的事自己拿主意。如果自己遇到事情猶豫不決，就等於把決定權拱手讓給了別人。一旦別人做出糟糕的決定，到時後悔的是自己。」

小紅帽生存鐵則

自己的命運要自己掌握，人生的道路要自己選擇。選擇能改變一個人的前途和命運，選擇也能改變事業的興衰。

人生的道路只有靠自己去思索和選擇，選好人生的目標，踏踏實實做人，對事業兢兢業業，工作上精益求精，學習上勤奮鑽研，為自己的選擇去奮鬥，才能達到成功的彼岸。

有買書**嗜好**的讀書人

愛因斯坦說：「人們努力追求的庸俗的目標是財產、虛榮、奢侈的生活，我總覺得這都是可鄙的。」

有一個讀書人，他的一大嗜好就是買書。這一天他進城去，半路上碰到另外一個讀書人，手裡也拿著好多書。他上前將那人手裡的書看了一遍後喜歡得不得了，恨不得一下子都買下來成為自己的。可是他手裡又沒錢，急得他不知如何是好。忽然，他想出個好主意，就對那個讀書人說：「我家裡有好多的古銅器，我本打算把它們都賣掉好再去買些書。現在我看你手上的書都是我想要買的，那麼，我用我家裡的古銅器換你的書，不知行不行？」

沒想到那個讀書人正好有收集古器皿的嗜好，一聽說這個要書的讀書人家裡有古銅器，實在是太高興了，於是兩人立即達成了以古書換古銅器的交易。賣書人隨著到了買書人的家裡，看見他家各式各樣的古銅器擺在那裡，心裡非常高興，於是用自己隨身帶的書，換了十幾件古銅器，一邊背起銅器回家，一邊心裡還慶幸自己今天真是好運氣。賣書人將沉重的古銅器背回家中，還沒喘過氣來，只見他的妻子從房內走出來，驚訝他怎麼回來得如此之快，便問：「怎麼這麼快就把書給賣掉了？」賣書人沒有回答妻子的話，他將鼓鼓的口袋打開，然後十分小心將古銅器皿一件件的拿出來，對妻子說：「我用書換了這些古銅器了，這些東西正好是我所需要的。」

他妻子一聽氣壞了，指著他罵道：「你真是糊塗！你換回這些個破舊東西，能變成飯吃嗎？你吃虧了呀！」賣書人卻答說：「他換得我的那些書，難道就能當得飯吃嗎？有什麼吃虧不吃虧的？」他的回答讓妻子啞口無言，還若有所悟地點了點頭。

小紅帽生存鐵則

人生應該追求知識和美德。一個知識充實的人，生活也是充實的。正如一位哲人所說的：「吃飯是為了活著，活著不是為了吃飯。」在物質利益之外，擁有健康的精神追求，有些自己獨特而高雅的愛好是很正常的，也是值得提倡的。

「測不準」的國際金融市場

凡事具備理性性格的人，性情穩定，思想成熟，思維全面，做事周密，因此成功的機率很高。

一九六九年，索羅斯與傑姆．羅傑斯合夥以二十五萬美元起家，創立了「雙鷹基金」，專門經營證券的投資與管理。一九七九年，他把「雙鷹基金」更名爲「量子基金」，以紀念德國物理學家海森伯。海森伯發現了量子物理中的「測不準原理」，而索羅斯對國際金融市場的一個最基本的看法就是「測不準」。這個曾苦苦研讀哲學、想當個大知識分子的商人，在投機行爲大獲成功之後，再一次確定了他的觀點：金融市場是毫無理性可言的。

索羅斯曾經說過：「測不準理論有其合理的地方。人類發展的過程，不是直線的，而是一個反覆選擇的過程。這個反覆選擇基本上是一個循環過程。人類的決策在很大程度上決定了歷史行程；反過來，歷史行程又影響領導人和個人做出針對這個大的社會環境的決策。」所以，測不準是金融市場最基本的原則。他曾經坦言，在亞洲金融風暴中，他也虧了很多。因爲他也測不準，他也出錯了。所以，短期的投資走向他不預測，因爲太容易證明自己的判斷是錯誤的。七〇年代後期，索羅斯的基金運作十分成功。

一九九二年九月一日，他在曼哈頓調動了一百億美元，賭英鎊下跌。當時，英國經濟狀況越來越糟，失業率上升，通貨膨脹加劇。梅傑政府把基金會的大部分工作交給了年輕有爲的斯坦利·杜肯米勒管理。杜肯米勒針對英財政的漏洞，想建一個三十億到四十億美元的放空英鎊的倉位，索羅斯的建議是將整個倉位建在一百億美元左右，這是「量子基金」全部資本的一倍半，索羅斯必須借三十億美元來做一場大賭博。

最終，索羅斯勝了。九月十六日，英國財務大臣拉蒙特宣佈提高利率。這一天被英國金融界稱之爲「黑色星期三」。杜肯米勒打電話告訴索羅斯，他賺了九・五八億美元。事實上，索羅斯這次賺得了近二十億美元，其中十億來自英鎊，另有十億來自義大利里拉和東京的股票市場。整個市場賣出英鎊的投機行爲擊敗了英格蘭銀行，索羅斯是其中一股較大的力量。在這次與英鎊的較量中，索羅斯等於從每個英國人手中拿走了十二・五英鎊。但對大部分英國人來說，他是個傳奇英雄，英國民眾以典型的英國式作風說：「他真厲害，如果他因爲我們政府的愚蠢而賺了十億美元，那他一定很聰明。」索羅斯曾把他的投資理論寫成《金融煉金術》一書，闡述了他關於國際金融市場的「對射理論」和「盛衰理論」。他認爲參與市場者的知覺已影響了他們參與的市場，市場的動向又影響他們的知覺，因此他們無法得到關於市場的完整的認識，但市場有自我強化的功能，繁盛中有衰落的前奏。

小紅帽生存鐵則

在一個人走向成功的過程中，能理性的思考、判斷、分析、選擇有至關重要的作用。任何成功都是一個複雜的過程，缺乏這樣的理性前提，成功就是無源之水、無本之木。理智表現為一種明辨是非、通曉利害以及控制自己行為的能力。成功在某種程度上，可以說是理智的產物。

會「吃」動物的瀝青湖

在各種誘惑面前，如果能夠有所節制，懂得知足常樂，就會消除許多煩惱，避免許多災難。

在拉丁美洲加勒比海東南端，有一個叫巴哥的小島，島上有一個面積僅〇・四七平方公里的小湖。與一般湖泊不同的是，這個湖表面平坦，上面覆蓋了一層硬化了的瀝青。原來，由於地殼運動，岩層破裂，地下石油和天然氣溢出，湧進死火山口，滿溢成湖。最後，油氣揮發，殘渣成爲瀝青。這個以盛產黑色的天然瀝青聞名於世的小湖，被人們稱爲「瀝青湖」。

令科學家們感興趣的，不僅是瀝青湖奇特的形成方式，還因爲瀝青湖每年都會「吃掉」大量動物。其中有獅子、老虎、豹等體形較大的動物，也有狐狸、狼、鬣狗，甚至還有水鳥等體形較小的動物。

經過長時間的跟蹤研究，科學家們終於爲世人揭開了這個謎底。

原來，每年隨著季節轉換，瀝青湖會呈現出不同的樣子。雨季來到，雨水積在湖面上，顯得碧波蕩漾；旱季降臨，水被蒸發掉，瀝青被曬乾，只有在凹處還留有一些水坑，水坑中有水草，偶爾還能找到小魚。

這樣，便引來了喜歡吃小魚的鳥。一隻鳥吃飽了小魚，準備站在湖面上休息，結果被瀝青黏住了雙腳，鳥越掙扎，瀝青便黏得越緊，終於，鳥不再動彈。不久，鳥被機靈的狐狸發現了，爲了吃掉鳥，狐狸不顧一切衝了過去，結果狐狸也被瀝青黏住了。

狐狸越掙扎，瀝青便黏得越緊，最終狐狸倒在了瀝青湖裡不再動彈。嗅覺靈敏的鬣狗和狼幾乎同時發現了死去的狐狸。爲了爭搶獵物，鬣狗和狼在瀝青湖面惡戰了一場，結果也都被瀝青湖牢牢黏住了。

在食物缺乏的乾旱季節，當豹、老虎、獅子們發現這麼多的獵物時，再也忍不住了，衝過去想一飽口福，結果一樣喪生於瀝青湖。

儘管每年都有大量動物死於瀝青湖，但仍然有很多動物前赴後繼地朝瀝青湖奔去，原因都是忍受不了那湖面美味食物的誘惑。

小紅帽生存鐵則

一位哲人說：「對一切事情都得冷眼觀察，一切事情都得盤算掂量，別讓自己沉醉，別胡思亂想，不受誘惑，哪怕幸福就在眼前。」

在這個世界上，對人的誘惑實在太多了，其中很多誘惑的背後都潛藏著危險。雖然很多人明白這個道理，卻很難管住自己奔向各種誘惑的雙腳。

在沙漠裡種胡楊樹

寶劍鋒從磨礪出，梅花香自苦寒來。

有一老一少兩個人同時在沙漠裡種胡楊樹。那個年輕人在樹苗種活後，每隔三天都會來幫它們澆水；而那位老人等到樹苗種活後，就來得很少了。即使來了，也只是把被風吹倒的樹苗扶起來，卻不幫它們澆一點水。

轉眼間，三年過去了，這兩片胡楊樹都長得有如人的手腕粗了。忽然有一天，刮起了沙塵暴。第二天風停後，兩人驚訝地發現，年輕人種的樹幾乎全被風吹倒了，有的甚至被連根拔起；而老人種的樹，只是被風吹折了一些樹枝。年輕人很訝異，問其原因。老人答道：「你經常幫樹澆水施肥，它的根就不會往泥土深處扎。而我把樹栽活後，就不再去理睬它們，這逼得它們不得不把自己的根一直扎到地底下的水源去。有了這麼深的根，這些樹怎會輕易被暴風吹倒？」

小紅帽生存鐵則

人似乎與樹相像，當四周的人都對他呵護有加，他就不會具有承受各種挫折的心理準備及對變化莫測社會的戒備。

古人說：「生於憂患，死於安樂。」只有經歷風雨，戰勝苦難和逆境，才會使一個人變得成熟和強大。如果一直處在順境中，就容易變得弱不禁風，遇到挫折和困難就放棄，甘願認輸。我們不要甘做溫室裡的花朵，要主動接受生活的各種磨煉，努力鍛鍊自己的意志。

等待飛行的兀鷲

借錢借物不如借勢借力，善借勢者必然強，善借力者四兩撥千斤。

東非大草原上，一點風也沒有。

一位鳥類學學者與他的學生一起，發現一隻兀鷲落腳在一棵孤零零的樹上。

「現在應該是兀鷲覓食的時間，牠為何待在樹上偷懶休息，難道忘記巢中還有嗷嗷待哺的幼鷲嗎？」學生不解。

「當然不會。」學者笑道，「牠在等待有利『飛行氣候』的到來。」

「你相信嗎，現在我不需要借助任何工具，徒手就可以逮住牠？」學者胸有成竹的說。

「怎麼可能！」學生疑惑不解，「難道老師的雙腿可以贏過兀鷲的翅膀？」

學者讓兀鷲飛了起來，兀鷲飛行了一百米左右，落在了另一棵樹上；學者再次讓兀鷲飛起，飛了不遠，兀鷲又找到一棵樹落腳。如此反覆三、四次，兀鷲精疲力竭的束手就擒。

這就是翱翔高空、俯瞰一切的兀鷲嗎？學生覺得太不可思議了。一改剛才的獵人姿態，學者又恢復了原來的文靜。「每一種鳥都有自己肌肉力量的極限，超越了這一極限，再猛的飛禽也就只是走禽了。」

「與其他鳥類相比，兀鷲的體積大、體重重，所以，欲搏擊長空必借助外力的幫助。剛才，兀鷲就是在等待這種外部力量——上升氣流。」學生恍然大悟，蛟龍離水，匹夫可制；兀鷲無風，徒有雙翼。任何人要想成功，都要善借外力。

小紅帽生存鐵則

一位哲人說：「給我一個支點，我可以撬起整個地球。」「借力使力」是典型的管理智慧，只要善於借，只要有勇氣借，只要巧妙而機智地借，就一定會事半功倍，取得理想的效果。對於任何一個人來說，支點處處都在，我們只有善於發現，善借外力，才能更輕鬆地實現各種目標，達成各種目的。

把橋上的木頭拆一根下來

雨果說：「在很多時候，謹慎比大膽要有力量得多。」

阿明家門前有一條小河，河上有一座木橋。大雪過後，橋上滑溜溜的。一次，阿明過橋時，腳下一滑，撲通一聲掉到河裡去了，幸好搶救及時，才沒有被淹死。

於是，阿明跟父親說，這橋太窄了得趕緊加寬。他的父親蹲在橋頭仔細看了看，說：「橋面已經是兩根木頭，每根都有碗般粗，不算窄了。」但阿明堅持要再加上一根木頭。他和父親把家翻遍了，都沒找到一根合適的木頭，家裡的木頭不是太細，就是太短，根本架不上去。他們住的小村子，總共才幾戶人家，其他人家裡也沒有。阿明想進山砍一根木頭，可大雪早已封山，實在太危險。那小木橋，短時間內是沒辦法加寬了。爲防不測，他特地在橋頭立了塊牌子：橋面滑，過橋小心！

可是不久，又有人掉到河裡去了。這回掉下去的是一個老太太，幾乎被凍死。

阿明準備到別的村去找木頭，這時，他的父親卻說：「把橋上的木頭拆一根下來。」阿明莫名其妙：「兩根木頭都有人掉下河了，怎麼能再拆掉一根呢？」父親堅持說：「試試看。」父親真的把橋上的木頭拆一根下來，藏到屋裡，告訴他不准再架上去。阿明想：這下子會天天有人掉下河了！

他一有空就站在窗前，往小橋那邊張望，時刻準備衝出去救人。可是也真是怪了，自從拆了那根木頭後，直到第二年春天，男女老少無數人從小木橋上走過，卻再也沒有一個人掉下河。阿明百思不得其解，便向父親請教緣由。

父親說：「架兩根木頭時，過橋的人難免粗心大意，就容易滑倒；拆成獨木橋後，過橋的人膽戰心驚，每一步都小心翼翼，自然就不會滑倒了。」

小紅帽生存鐵則

在很多時候，我們之所以走路時跌跤，在工作中出現差錯，並不是因為客觀條件太差，而是因為我們的疏忽大意。要時常抱有「如履薄冰」的細心——在冰上走路，因為冰很滑，所以要小心翼翼地走，就能減少很多失誤和挫折。

窮人為什麼不能致富

健康和富足都是觀念和習慣的產物。

很久以前，有一個窮人。一個富人見他可憐，於是起了善心，想幫他致富。所以富人送給他一頭牛，希望他能好好開墾，等春天來了撒上種子，秋天就可以遠離那個窮苦了。

於是窮人滿懷希望開始奮鬥。可是過沒幾天，牛要吃草，人要吃飯，日子比過去還難挨。窮人想，不如把牛賣了，買幾隻羊，先殺一隻吃，剩下的還可以生小羊，長大了拿去賣，可以賺更多的錢。

窮人的計劃如願以償。只是吃掉一隻羊之後，小羊卻遲遲沒有生下來，後來日子又艱難了，所以忍不住又吃了一隻。窮人想，這樣下去不得了，不如把羊賣了後買雞，雞生蛋的速度比較快一點，雞蛋立刻可以賺錢，日子馬上就會好轉。

窮人的計劃又如願以償了。但是日子並沒有改變，又艱難了，他忍不住殺雞，終於殺到只剩一隻雞時，窮人的理想徹底崩潰。他想，致富是無望了，還不如把雞賣了，買壺酒，三杯下肚，萬事不愁。

很快春天來了，那善心的富人興致勃勃送來種子，卻赫然發現窮人正吃著鹹菜喝酒，牛早就沒了，家依舊一貧如洗。

富人轉身走了，窮人當然一直窮著。

小紅帽生存鐵則

很多窮人都有過夢想，甚至有過機遇，有過行動，但是，因為沒有正確的思維方式，沒有良好的習慣，沒有掌握理財的智慧。

真正的富翁都信奉這樣的原則：「今天你不理財，明天財不理你」。只有善於花錢和理財，在財務方面才能形成良性的循環，才能擺脫資金匱乏的窘迫狀態，才能真正獲得財務的自由，享受富足幸福的人生。

用斧頭砍伐樹木的年輕人

工欲善其事，必先利其器。

美國在幾十年前經濟非常不景氣，所以年輕人的失業率很高。美國政府為了提供更多的工作機會，也為了鍛鍊年輕人的體魄，在洛磯山裡騰出一塊林地，由年輕人負責伐木。因條件所限，工人無法利用電鋸或其他有效率的工具來砍伐樹木，而是使用傳統的斧頭。

有一位年輕人經由申請後，來到山裡工作。

第一天領到斧頭，相當興奮，到所屬的林區砍樹。眼看樹一棵棵地倒下，他就工作得更賣力。

收工時，一位老工頭來驗收他的成績後，告訴年輕人：「你的表現很好，一天共砍了十五棵樹。我們開辦以來，一天最高紀錄是十六棵。你再努力一點就可以破紀錄了。」

年輕人受到激勵，第二天起床得更早，匆忙盥洗吃早餐後，就趕到林區砍樹。努力工作一天後，老工頭又來驗收，發現他砍了十四棵樹。

年輕人自己也發現退步了，離自己想破紀錄的目標也越來越遠。於是，他下定決心，第三天要更努力，絕不能鬆懈下來。

第三天，在天色還是一片漆黑時，他就已經起床，沒吃早飯就跑到林區門口。大門一開，他就衝進去工作；中午休息鈴響，他仍不願意放下手邊的工作。工頭要求一定要停工了，他才勉強放下斧頭。

結果在清點後，年輕人發現他只砍了十三棵樹。他有些受挫，自問爲什麼天天都在退步。

老工頭聽到後笑笑說：「你是不是沒有第一天那麼有熱忱，午餐吃太久，又休息比較久，是不是？」年輕人聽了很生氣地說：「我今天早餐、午餐都沒吃，你居然說我偷懶！」說完，順手就把斧頭丟在地上。

老工頭馬上把斧頭撿起來，拉住年輕人說：「你看你這把斧刃，都已經鈍了，你上次磨斧頭是什麼時候？」年輕人更生氣地說：「我天天都這麼忙，哪有時間磨斧頭！」

小紅帽生存鐵則

世界一直在變化，所以我們必須不斷地進步。在生活中，在職場，你是否一直在吃老本？你是否已經長時間沒有提升自己？你必須明白，我們過去的榮耀和教育在經過一段時間後都不起作用了，我們必須不斷「磨斧頭」，我們必須透過不斷的學習和提升自己，才能提高效率，讓事情做得更好。

他的女兒一定很醜

只見其利，不見其弊，就會吃虧上當；只見其弊，不見其利，就會錯失良機。

有一個名叫兆的人，經營宰牛賣肉的生意，由於他聰明機靈，經營有方，因此生意做得還算不錯。

一天，齊王派人找到兆，那人對兆說：「齊王準備了豐厚的嫁妝，打算把女兒嫁給你做妻子，這可是大好事呀！」

兆聽了，並沒有受寵若驚，而是連連揮手說：「哎呀，不行啊。我身體有病，不能娶妻。」

那人很不理解地走了。

後來，兆的朋友知道了這件事，覺得奇怪，兆怎麼這麼傻呢？於是跑去勸兆說：「你這個人真傻，你一個賣肉的，整天在腥臭的宰牛鋪裡生活，為什麼要拒絕齊王拿著厚禮把女兒嫁給你呢？真不知你是怎麼想的。」

兆笑著對朋友說：「齊王的女兒實在太醜了。」

兆的朋友摸頭不知腦，問：「你見過齊王的女兒？你何以知道她醜呢？」

兆回答說：「我雖沒見過齊王的女兒，可是我賣肉的經驗告訴我，齊王的女兒是個醜女。」

朋友不服氣地問：「何以見得？」

吐胸有成竹地回答說：「就說我賣牛肉吧，我的牛肉品質好的時候，只要給足數量，顧客拿著就走；我用不著加一點這、加一點那，顧客也能感到滿意。我呢，還唯恐肉少了不夠賣。而當我的牛肉品質不好的時候，我雖然幫顧客加一點這、加一點那，他們依然不要，牛肉怎麼也賣不出去。現在齊王把女兒嫁給我一個宰牛賣肉的，還加上豐厚禮品財物，我想，他女兒一定是很醜的。」

兆的朋友覺得兆說得十分有理，便不再勸他了。

過了些時候，兆的朋友見到了齊王的女兒，齊王的女兒果然長得很難看。

這位朋友不由得暗地佩服兆的先見之明。

小紅帽生存鐵則

天下萬事萬物總具有兩重性，有其利，也有其弊。只有全面分析，認真權衡，才能避免失誤，減少損失。

俗話說：「便宜沒好貨，好貨不便宜。」可是生活中的很多人，面對「便宜貨」的時候，總是忘了衡量自己的能力大小和得失利弊，盲目抱著「不拿白不拿」的心態採取行動，結果就只能吃虧了。

一根昂貴的馬鞭

切不可只慕虛榮；切不可一味地為求新求異，捨本求末。

有一天，市場上來了個賣馬鞭的人。他的馬鞭看上去似乎並不怎麼樣。

有個人問他：「喂，賣馬鞭的，那東西多少錢呀？」

他開口就把人嚇一跳：「五萬兩。」

買東西的人說道：「你是不是瘋了？這種馬鞭人家才賣五十兩，你怎麼賣這麼多錢呢？五十兩怎麼樣？」

賣馬鞭的人忽然笑了起來，腰都笑彎了，理也不理他。

這個人又試探道：「那五百兩呢？」

賣馬鞭的人露出很生氣的樣子。

這個人知道這馬鞭不值什麼錢，存心逗逗他，又說：「五千兩總該可以了吧？」

賣馬鞭的大怒道：「你不想買就走，不要囉唆，我是一定要五萬兩才會賣的！」

這時，有個有錢的少爺來買鞭子，見到這賣鞭子的人態度如此堅決，以爲這鞭子真的有什麼獨到之處，於是就出五萬兩買了下來。然後，拿著這根昂貴的馬鞭，到處去給人看並炫耀說：「你們看，我這根馬鞭，值五萬兩呢！」

有個識貨的人拿過馬鞭仔細看了看，只見鞭梢捲曲著，一點都不舒展，鞭把也歪歪斜斜的，木質更糟糕，還已經朽了，而且漆紋粗劣得很，拿在手裡也感覺不到有什麼份量。

於是，他直接了當地問這個闊少爺：「這根馬鞭究竟有什麼稀罕的地方，值得你花五萬兩買下？」

闊少爺裝模作樣地說：「我喜歡它金黃耀眼的顏色，那個賣鞭子的人還說了很多好處呢！」

那人也不多說什麼了，將馬鞭浸在熱水裡，沒一會兒，鞭子就扭曲了，收縮得厲害，金黃色也都掉了。原來這顏色是用梔子染的，光澤也是用蠟塗上去的。

闊少爺明白了鞭子是劣等貨，但又不願丟面子，只得打腫臉充胖子，還是拿這馬鞭用了三年。

有一次，他騎馬出去遊玩，舉起鞭子抽馬時力氣稍用大了點，鞭子竟馬上斷成了六截，他也從馬上跌下來，還受了傷。而那斷了的鞭子，原來只是一個空殼，裡面什麼也沒有。

小紅帽生存鐵則

在做事過程中捨本求末，專注於表面和細節，失去對本質和全局的把關，就會做出錯誤的決斷。

在生活中不要做出「花錢買面子」的蠢事。如果一個人只圖虛名而不注重實際的話，是注定會吃虧上當的。

水終有澄清的一天

當被別人誤解或遭受不公正待遇的時候，無需急躁，要相信，時間能夠證明一切。

在阿文童年居住的三合院裡，沿著屋簷滴水的溝槽下，擺了一排大水缸。

水缸有半個人高，缸口大到雙手不能環抱起來，是爲了接盛從屋頂上流下來的雨水。從前的鄉下沒有自來水，爲了生存，村民們必須尋求各種水源，他們一方面鑿井而飲；一方面到河邊挑水灌溉；下雨天蓄在水缸裡的水，則用來洗衣洗澡，這樣就能減輕到河邊挑水的負擔。

剛下過雨的水缸是渾濁的，放一些明礬進去，等個兩、三天，水才會慢慢澄清。

由於要讓水澄清很難，需要很長的時間，但使水渾濁卻只要一下子，因此，阿文的媽媽嚴格規定，孩子們不能去玩水缸的水，去玩水的後果就是必須在水缸邊罰站。

「不可以玩水缸的水。」不只是阿文家的規矩，鄉下三合院的孩子們全都知道這個規矩。但是，不玩自家的水，並不表示不玩別人家的水。

阿文家正好在去中學必經的路上，每天有許多的學生走過。有一些喜歡惡作劇的孩子，路過的時候，會突然衝進院子，每個水缸都攪一下，然後呼嘯著跑走。

這可惡的舉動，使阿文和哥哥、姐姐又憤怒，又緊張。爲了防止水被弄渾濁，他們整日都坐在院子裡，等待那些惡作劇的孩子。

但是，他們也不可能整天坐在院子裡，有時要上學，有時要去工作，一旦稍有疏忽，孩子們就衝進來把水弄渾濁。

這使阿文他們更陷入痛苦之中。

阿文的媽媽看孩子們被幾缸水弄得心神不寧，就安慰他們：「你們的心比水缸的水還容易被弄混亂。那些惡作劇的孩子，你們愈在乎，他們就愈喜歡；如果不理他們，時間一久，他們就覺得沒什麼好玩了。你們各人去做該做的事，不要管水。水，終有澄清的一天。」孩子們聽了媽媽的話，該上學的上學，該工作的工作，不再理會惡作劇的孩子。那些惡作劇的孩子們果然也很快就失去興趣，而水，也自然的澄清了。

我們的心也像水一樣容易被弄混亂，但在混亂之際，不需要過度的緊張與辯白，需要的是安靜如實的生活。當我們的心清明，就如水缸的水自然澄清了。

小紅帽生存鐵則

心境就有如水缸裡的水，來自天地，自然澄清。一秒鐘的混亂，可能要三天才能清明，但只要我們能夠邁向更高的境界，水，終有澄清的一天。生命中的曲解，是一時一刻的，智慧與情境的清明追求，卻是生生世世。

放下人生的包袱

有時候，捨棄是一種智慧，一種選擇，是另一種意義上的獲得。

一個青年背著一個背包千里迢迢跑來找無際大師，他說：「大師，我是那麼的孤獨、痛苦和寂寞。長期的跋涉使我疲倦到極點；我的鞋子破了，荊棘割破雙腳；手也受傷了，流血不止；嗓子因爲長久的呼喊而瘖啞……爲什麼我還不能找到心中的陽光？」

大師問：「你的背包裡裝的什麼？」

青年說：「它對我可重要了。裡面是我每一次跌倒時的痛苦，每一次受傷後的哭泣，每一次孤寂時的煩惱……靠它，我才能走到您這兒來。」

於是，無際大師帶青年來到河邊，他們坐船過了河。上岸後，大師說：「你扛著船趕路吧！」

「什麼！扛著船趕路？」青年很驚訝，「它那麼重，我扛得動嗎？」

「是的，孩子，你扛不動它。」大師微微一笑，說，「過河時，船是有用的。但過了河，我們就要放下船趕路。否則，它會變成我們的包袱。痛苦、孤獨、寂寞、災難、眼淚，這些對人生都是有用的，它能使生命得到昇華，但須臾不忘，就成了人生的包袱。放下它吧！孩子，生命不能太負重。」

青年放下背包，繼續趕路，他發覺自己的步伐輕鬆而愉悅，比以前快得多。原來，生命是可以不必如此沉重的。

小紅帽生存鐵則

許多人在不知不覺中肩負著各式各樣的包袱，以致漸漸把自己壓得喘不過氣來。與其活得這麼累，不如果斷地放棄一切包袱，讓自己輕鬆起來。

在人生的每一個關鍵時刻，你必須審慎運用你的智慧，做出果斷的判斷，有所選擇，有所放棄，選擇正確方向，放棄那些可能成為累贅的一切。這樣，才能輕裝前進，好好地實現自己的理想。

兩個「最勇敢」的人

為了完成有益的事，不怕困難和危險，是勇敢；為表現自己，不顧後果地去做無益的事，是魯莽。

戰國時代，在齊國有一個無名小鎮，鎮上住著兩個自命不凡、愛說大話、喜歡自誇爲全世界最勇敢、最頑強、最不怕死的人。他們一個住在城東，一個住在城西。

有一天，這兩個自詡爲最勇敢的人碰巧同時來到一家酒樓喝酒。他們一先一後進了酒樓後，才互相看見對方。兩人相互寒暄了一番後，便選中靠窗的一張又乾淨、又明亮的餐桌相對而坐。

一會兒，酒保送上來了一罈陳年老酒。店小二又替他們剝去壇口上的封口泥，打開了酒罈蓋子，一股香氣撲鼻而來。店小二替他們各自斟滿了一碗酒後，把酒罈子放到桌子上，很客氣地退了下去。

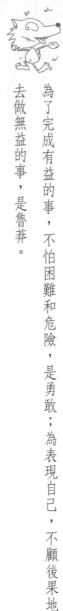

這兩個「最勇敢」的人喝了一會酒，聊了一會天，邊喝邊談，漸漸覺得有酒無肉實在是有點乏味。其中一個「最勇敢」者提議說：「老兄，稍等一會再喝。這樣光喝酒不吃肉也不對味，我到菜市場去買幾斤肉來，叫這店裡的廚師做道下酒菜供我們下酒。咱倆難得在一起，今天一定要喝個痛快。」

另一個「最勇敢」者答道：「老兄，不必到菜市場去買肉了。你我身上不都長著有肉嗎？聽人說腿肚上的肉是精肉，我們將自己身上割下肉來下酒，又新鮮、又乾淨，不是更好嗎？只要叫店小二端碗醬來蘸著吃就行了。」

第一個「最勇敢」者爲了表現自己的「勇敢」，只好同意了對方的提議。不一會兒，店小二將一碗醬端來了，放在桌子上面。他們每人喝了一碗酒後，各自抽出自己的腰刀，在自己的大腿上割下一大塊肉來，血淋淋的放在醬裡蘸了一下，然後送到自己嘴裡嚥了下去。

就這樣，他們每喝一大碗酒，就在各自大腿上割下一大塊肉來吃。當時在場的人看到後又驚訝，又害怕，但誰也不敢上前阻止。

這兩個「最勇敢」的人在酒樓裡一邊喝酒，一邊吃著從自己身上割下的肉。他們兩個人都自稱是世界上最勇敢的人，誰也不肯在對方面前認輸。

就這樣，酒一大碗一大碗地喝下去，他們身上的肉也一塊一塊地被割下來；鮮血不斷地從他們身上流出，流了一大片……沒多久，這兩個自詡爲最勇敢的人，都因爲失血過多而死了。

小紅帽生存鐵則

要把勇敢和魯莽區別開來。真正的勇敢，能夠幫助我們戰勝前進道路上的危險和困難。真正的勇敢：一是迎戰不應該害怕的；二是躲開那些無謂的威脅和損失。盲目的逞勇鬥狠不是勇敢，而是愚蠢、無聊的行為。

死完了沒？
沒死就別在這檔路！

Point. 2

貪婪、自以為是

不是我在唬爛，小紅帽其實也是別有居心

誘人的甜頭背後總有陷阱等你跳。

別人就是要趁你沒防備的時候弄你，
不然明天就是換他遭殃。

生性貪婪的蜀王

柏拉圖說：「一個人不應受名譽、金錢和地位的誘惑，去忽視正義和其他德行。」

從前，四川的西部有個叫做蜀國的國家，土地肥沃、物產豐富很富庶離它不遠的秦國早就對這塊富饒的土地垂涎三尺了，一直想要把它佔爲自己所有。可是通往蜀國的道路非常險峻，有陡峭的懸崖絕壁和萬丈深谷隔著，一跌下去就會摔個粉身碎骨，進軍的路線無法暢通，任憑秦國虎視眈眈，可是一時也無可奈何。

蜀國的國君生性貪婪，總是大肆搜刮民間財富來滿足自己對金錢的貪慾，有時甚至不惜一切代價。

秦國的秦惠王從派去探聽消息的人口中得知了蜀王的性情，覺得有機可乘。苦苦思索了很久以後，秦惠王終於想出了一條計策。

秦惠王命令工匠打造雕刻了一頭巨大的石牛，並在石牛的屁股後面放了許多金銀綢緞，同時放出消息說這頭石牛會生出金子。

蜀國的探子把關於這頭名牛的奇聞告訴了蜀王，蜀王聽了羨慕得不得了，暗想，要是我有這麼一頭石牛，天天爲我生出金子，那該有多好啊！正在這時候，秦國的使者來了，他對蜀王說，秦惠王爲了表示秦蜀友好的誠意，決定把會生金子的石牛送給蜀王。

蜀王大喜，不過他聽使者說，石牛的身形巨大，要從秦國運到蜀國來恐怕很不方便時急忙保證說：「這個不成問題，貴國國君既然肯把石牛送給我，我哪有不想辦法把它運到我國來的道理呢，就請你們的國君放心好了。」

蜀王不顧大臣們的極力反對，在國內徵調了大量民工，把懸崖挖開了，把深谷也填平了。

爲了能讓石牛順利到達，還把通向蜀國的險徑都修成了平坦大道。然後他派了五個大力士到秦國去迎接石牛。貪心的蜀王哪裡料得到，秦惠王早已派遣軍隊悄悄跟在石牛後面。軍隊隨著石牛蜂擁而入，一舉滅掉了蜀國。

小紅帽生存鐵則

古人說：「人見利而不見害，魚見食餌不見鉤。」目光短淺、利慾熏心的人，遲早會受到生活的嚴懲。

只有抗拒誘惑，你才有更多的機會做出正確的抉擇。在利益的誘惑面前一定要保持清醒和冷靜，仔細權衡利弊，千萬不可貪圖小利，因小失大。

高陽應的新房

為人處世要相信自己，但不能盲目自信，學會聽取接納別人的意見是自信的更高境界。

宋國大夫高陽應爲了興建一幢房屋，派人在自己的封邑內砍伐了一批木材。這批木材剛一運到宅基地，他就找來工匠，催促其即日動工建房。

工匠一看，地上七橫八豎堆放的木料，還是些連枝幹都沒有收拾乾淨、帶皮的樹幹。樹皮脫落的地方，露出光澤、濕潤的白皙木芯；樹幹的斷口處，還散發著一陣陣樹脂的清香。用這種木料怎麼能馬上蓋房呢？所以工匠對高陽應說：「我們目前還不能開工。這些剛砍下來的木料含水太多、質地柔韌、抹泥承重以後容易變曲。初看起來，用這種木料蓋的房子與用乾木料蓋的房子相比，差別不大，但是時間一長，還是用濕木料蓋的房子容易倒塌。」

高陽應聽了工匠說的話以後，他自作聰明地說：「依你所見，不就是存在一個濕木料承重以後容易彎曲的問題嗎？然而你並沒有想到濕木料乾了會變硬，稀泥巴乾了會變輕的道理。等房屋蓋好以後，過不了多久，木料和泥土都會變乾。那時的房屋是用變硬的木料支撐著變輕的泥土，怎麼會倒塌呢？」

工匠們只是在經驗中懂得用濕木料蓋的房屋壽命不長，可是真要說出個詳細的道理，他們也感到爲難。

因此，工匠只好遵照高陽應的吩咐去辦。雖然在濕木料上拉鋸用斧、下鑿推刨很不方便，不過工匠還是克服種種困難，按尺寸、規格搭好了房屋的骨架。抹上泥以後，一幢新屋就落成了。

剛開始，高陽應對於很快就能住上了新房頗感驕傲。他認爲這是自己用心智折服工匠的結果。可是時間一長，高陽應的這幢新屋越來越往一邊傾斜。他的樂觀情緒也隨之被憂心忡忡取而代之。高陽應一家怕出事故，於是從這幢房屋搬了出去。沒過多久，這幢房子果然倒塌了。

小紅帽生存鐵則

虛心接受別人的意見，可以集思廣益得到很多解決問題的好辦法、好主意，這樣便能使自己保持清醒的頭腦，克服因一個人思考、決策的種種局限和弊病，使決策更加合理化，避免因主觀意識而遭受巨大的損失。

善於跳躍的靈猿

我們工作中每做一件事，都要詳察客觀情況和環境因素，這樣才能避免失誤和挫折。

在原始的大森林間，到處都生長著高大挺拔、鬱鬱蔥蔥的喬木，如葉形橢圓的楠木、葉子對生的梓樹、可防蟲蛀的樟樹、可做染料的櫟樹等等。它們枝繁葉茂，遮天蔽日，令人望而生畏。

有一種善於飛騰、跳躍的靈猿，生活在這原始大森林裡，簡直是如魚得水。牠們在這些又粗又直的喬木之間輕盈敏捷攀援，時而躍上，時而落下，不時還會扯住一根籐蔓，盪到另一棵大樹的樹枝上去小憩片刻。

牠們在大森林內嬉戲玩耍，逍遙自得，神氣活現，儼然就像森林中的君王一般，誰也奈何牠不得。由於牠們的身體十分靈巧，行蹤無定，哪怕是像后羿、逢蒙那樣的神射手吧，恐怕也沒有辦法瞄準牠。

然而，若將這群靈猿趕到一片荊棘叢生的灌木林中去生活，那就會變成另外一番景象了。那裡儘是生有長刺的柘樹、滿身棘刺的酸棗、味道酸苦的枳樹等等。在這些渾身長刺的灌木叢中，靈猿再也不敢輕舉妄動了，牠們無樹可攀，無枝可跳，善於騰躍的本領無法施展，稍有行動，往往就會被繁枝利刺扎得疼痛難忍。因此，牠們只能小心謹慎地在林間東張西望，左顧右盼，戰戰兢兢地爬行！

同樣是這群靈猿，爲什麼在喬木林和灌木叢中的表現竟有天壤之別？這並不是由於靈猿的筋骨突然得了什麼疾病而變僵硬了，只是因爲牠後來所處的環境，使牠不能充分施展其攀援騰躍的本領所造成的結果！

小紅帽生存法則

古人云：「時勢造英雄。」任何一種技能、技巧能否得以充分施展，除主觀努力外，環境也是必不可少的，有時甚至還會有著決定性的作用。為了更充分地施展自己的才能，不可不重視對工作環境和職業的選擇。

要錢不要命的生意人

放棄是智者面對生活的明智選擇，只有懂得何時放棄的人，才會獲得幸福和滿足。

永州這個地方河多江多，所以永州人大都善於游泳。連五、六歲的小孩都能在河裡嬉水抓魚，大人們的水性更是了得。

有一天，幾個永州人同乘一條小船過江去。一路上，大家談笑風生地聊著天。其中的一個人說自己已經出門去做生意幾年了，現在要回來看看家人。他帶了一個包袱在身邊，時刻不離左右。

船到江心，麻煩的事情發生了。因爲前些時候一連下了好幾天的暴雨，使得江水暴漲，現在忽然起了風，江面上掀起了巨浪。一個浪頭打過來，小船承受不了，船尾破了一個大洞，江水灌了進來，使得小船很快就沉了。

船上的人見勢不妙，紛紛跳下水，游泳逃命，奮力地向前游去。

那位先前一直帶著包袱的人喘著氣，兩手上上下下地拚命划水，可是儘管他很努力的游，卻還是游得特別慢。

他的同伴覺得很奇怪，問他：「咦，你一向非常擅長游水，怎麼這一次用盡全力，還是落在後頭？」

那人氣喘吁吁地回答：「我跳下水之前，把包袱裡的一千枚大錢取出來纏在腰間裡了，因爲特別沉重，所以游起來分外吃力。」

又過了一會兒，這個人越來越游不動了，眼看有溺水的危險了。

他的同伴爲他著急，提醒他說：「你把錢解下來扔掉吧！」那人累得話也說不出來，只是拚命搖頭。

最後那人實在游不動了，眼看就快要沉下去了。

其他的人都已經游到了對岸看著他乾著急，又叫又跳地對他大聲喊道：「你怎麼這麼糊塗啊！命都快保不住了，留著那些錢還有什麼用呢？現在丟掉還來得及，快丟掉錢！快丟掉錢呀！」

那人還是拚命搖頭，怎麼也不肯把他的錢丟掉。最後，他精疲力竭的和他的錢一起沉到了江底。

小紅帽生存鐵則

古人說：「金玉滿堂，莫之能守」。就是讓人們學會放棄，而且要主動放棄。錢是身外之物，怎麼會比命還重要呢？

在面臨生命與金錢的選擇時，如果你選擇了金錢，你將失去生命，而一旦沒有了生命，你就失去了一切。

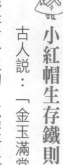

模仿潘岳的左思

學習不是簡單的模仿某種技能，而是要結合本身的條件，從根本上提高自己的素質。

晉朝時候，出了位名叫潘岳的才子。

潘岳不但才學高、人品好，而且眉清目秀、鼻直口方、唇紅齒白，長得俊秀無比，再加上瀟灑的風度，猶如玉樹臨風，風流倜儻，引人愛慕。

潘岳很喜歡打獵，常常帶著自己打獵用的彈弓到郊外去遊玩。當他走出洛陽大道，婦女們遠遠望見他，就會奔相走告：「那個英俊的才子潘岳來了，快點去看哪！」就這樣，傾慕潘岳的婦女都跑過來爭著一睹他的風采。大家越是看，越是被他漂亮的容貌和非凡的氣度所吸引，就手拉手圍成圓圈，把潘岳圍在中間，怎樣也捨不得讓他離開。一時間，潘岳受到眾人愛慕的事在當時傳爲美談。

有個叫左思的詩人，長得獐頭鼠目，十分醜陋，氣質也很猥瑣。他聽說了這件事後很羨慕，他不禁暗想：潘岳會打獵，我也會打獵呀！我何不模仿他也去郊外遊獵一番呢，說不定婦女們也會一樣傾心於我呢！

打定了主意，左思裝扮了一番，第二天就帶著彈弓走到洛陽大道去。婦女們遠遠望見帶彈弓的人，以爲又是潘岳來了，十分高興，就都聚攏了過來。等到那人走近仔細一瞧，原來是個長得奇醜無比的小老頭，等著看潘岳的婦女們失望極了。再說左思，看到真的有這麼多婦女圍攏來，心裡很得意。誰知道，婦女們一走過來，都是紛紛向他吐口水，還嫌惡地說：「哼！醜八怪，學人家又學不像，真是丟臉！」左思猝不及防，被吐了一身一臉，只得一邊擦，一邊狼狽不堪地轉身逃回家去了。

小紅帽生存鐵則

向別人學習，模仿別人要以有相同的客觀條件為基礎，不能盲目學習。

一味從形式上模仿別人，只能是「東施效顰」，不但很難取得預想的效果，還會使自己顯得淺薄可笑。

窮人和侷促的居住條件

事能知足心常樂，人到無求品自高。

有一個窮人與妻子、六個孩子，還有兒媳、女婿，共同生活在一間小木屋裡，侷促的居住條件讓他感到活不下去了，便去找智者求救。

他說：「我們全家這麼多人只有一間小木屋，整天爭吵不休，我的精神快要崩潰了，我的家簡直就是地獄，再這樣下去，我要死了。」

智者說：「你按我說的去做，情況就會變得好一些。」

窮人聽了這話，當然是喜不自勝。

智者聽說窮人家還有一頭奶牛、一隻山羊和一群雞，便說：「我有讓你解除困境的辦法了，你回家去，把這些家畜、家禽帶到屋裡，與人一起生活。」

窮人一聽大為震驚，但他事先答應要按智者說的去做，只好依計而行。

過了一天，窮人滿臉痛苦地找到智者說：「智者，你給我出的是什麼主意？事情比以前更糟，現在我家成了十足的地獄，我真的活不下去了，你得幫我。」

智者平靜地說：「好吧，你回去後把那些雞趕出房間就好了。」

過了一天，窮人又來了，他仍然痛不欲生，他哭訴說：「那隻山羊撕碎了我房間裡的一切東西，牠讓我的生活如同噩夢。」

智者溫和地說：「回去把山羊牽出屋就好了。」

過了幾天，窮人又來了，他還是那樣痛苦，他說：「那頭牛快把屋子毀了，請你想想，人怎麼可以與牲畜同處一室呢？」

「完全正確，」智者說，「趕快回家，把牛牽出去！」

過了半天，窮人找到智者，他是一路跑著來的，滿臉紅光，興奮難抑。

他拉住智者的手說：「謝謝你，智者，你又把甜蜜的生活給了我。現在所有動物都出去了，屋子顯得那麼安靜，那麼寬敞，那麼乾淨，你不知道，我是多麼開心啊！」

小紅帽生存鐵則

人生之路總會有壓力、困難、挫折、煩惱、痛苦，這些都是客觀存在的，想躲也躲不了。你歎息也好，焦急也好，憂慮也好，恐懼也好，都無助於問題的解決。與其唉聲歎氣，不如調節心理，從相反方向思考問題，主動擺脫壓力和煩惱。

安詳鎮定的老太太

不管面對什麼樣的境遇，你的生活都是由思想造成的。

那天是個晴空萬里的好天氣，美國的一架民航客機在藍天白雲之間平穩地飛行。突然，客機抖動不止，出現了機械故障。機組人員想盡千方百計，但一直無法排除故障。他們不得不向乘客廣播這個壞消息。乘客們聽完後，十分驚恐。在空中小姐們的指導幫助下，乘客們抓緊時間做著面臨空難的一切準備。

這時，有一個牧師發現，在那麼多驚慌失措的乘客中，有個老太太穩穩地坐在自己的座位上，顯得格外安詳。牧師感到很驚訝，心想：「哎喲，命都快沒了，怎麼還能如此泰然，難道她是個聽不到廣播的聾子？」

儘管飛機的故障沒有徹底排除，但還是化險爲夷，平安地迫降在途中的一個臨時機場上。大難不死的乘客，個個如釋重負地走下飛機。有的乘客深有感觸地對採訪的記者說：「我還活著！我獲得了第二次生命！我要好好地過日子！我要……」

此時，那個牧師一轉身，又看到了剛才的那個老太太，她正神態自若地走下飛機，不過臉上一點驚喜的表情都沒有！

牧師心想：「我嚇得半死的時候，她卻若無其事；我慶幸生還的時候，她卻不動聲色，這是什麼樣的境界？她真是太讓人難以理解了！」

於是，他走過去說：「老太太，我想請問您一下，剛才我們所有的人都經歷了與死神擦肩而過的考驗，但我看見您卻始終如一地安詳鎮定。雖然不是說女人都是柔弱的，可是您的表現實在是讓我感到震驚。您能不能告訴我是什麼原因？」

老太太微笑著說：「什麼原因？我就告訴你吧，我有兩個女兒，大女兒幾年前去世了，二女兒在德克薩斯州。今天，我是搭飛機是去看我二女兒的。當時飛機上廣播了機械故障這條不幸的消息之後，我就想：如果飛機能平安到達，我就如願以償能看我的二女兒；萬一飛機失事，那我就改道去天國看我的大女兒。不管是什麼結果，總能看到一個女兒，那我還有什麼覺得可怕呢？這個世界上，女人是最柔弱的，但母親卻是最堅強的。」

牧師聽後由衷地說：「老人家，您的心態就像燦爛的陽光一樣。一個人如果達到了您的境界，就不會有什麼事情想不開了，我一定把您的故事講給更多的人聽。」

小紅帽生存鐵則

人生不如意，十之有七八。決定我們幸福或不幸，快樂或痛苦的，不是我們的處境，而是我們的心態。

生活的快樂與否，完全決定於你自己對人、事、物的看法。不管發生了多麼令人不愉快的事情，我們都要保持陽光心態，勇敢地面對。既能接受事實享受事實，又能善待自己善待別人。

衝破束縛自己的繭

人們似乎每天在接受命運的安排，實際上人們每天在安排著自己的命運。

有一個小孩，相貌醜陋，說話口吃，而且因爲疾病導致左臉局部麻痺，說話時嘴巴總是歪向一邊，還有一隻耳朵失聰。

爲了矯正自己的口吃，這個孩子模仿古代一位有名的演說家，嘴裡含著小石頭子講話。看著嘴巴和舌頭被石子磨爛的兒子，母親心疼地抱著他，流著眼淚說：「不要練了，媽媽一輩子陪著你。」懂事的他替媽媽擦著眼淚說：「媽媽，書上說，每一隻漂亮的蝴蝶，都是自己衝破束縛牠的繭之後才變成的，我要做一隻美麗的蝴蝶。」

後來，他能流利地講話了。因爲他的勤奮和善良，他中學畢業時，不僅取得了優異的成績，還非常受周圍的人歡迎。

一九九三年十月，他參加了全國總理大選。他的對手，居心叵測地利用電視廣告誇張他的臉部缺陷，然後寫上這樣的廣告詞：「你要這樣的人來當你的總理嗎？」但是，這種極不道德、帶有人格侮辱的攻擊，招致大部分選民的憤怒和譴責。

他的成長經歷被人們知道後，贏得了選民極大的同情和尊敬。他說的競選口號「我要帶領國家和人民成爲一隻美麗的蝴蝶」，使他以高票當選總理，並在一九九七年再次獲勝，連任總理，人們親切地稱他是「蝴蝶總理」。

他就是加拿大第一位連任兩屆的總理克雷蒂安。

小紅帽生存鐵則

生活中有些東西我們無法改變，比如卑微的出身，不幸的遭遇，平庸的才貌。但有些東西則人人都可以選擇，比如理想，自信、樂觀、毅力、勇氣和奮鬥。只要充滿自信地去追逐自己的理想，不放棄努力，我們完全能夠用可以改變的一切，彌補那些我們無法改變的不足。

前面還有**更美好**的東西

噴泉的高度不會超過它的源頭，一個人的人生也是這樣，他的成就絕不會超過自己的信念。

有一位老師要孩子們把自己認爲是最美好的事物畫下來。

一個男孩交上來一張香煙紙，紙背面畫了一個三角形，內中有一個圓圈。

老師百思不得其解，決定到小男孩家看看。

翻過好幾座山梁，他總算找到了男孩的家，那是一間昏暗潮濕的土屋，男孩正在照顧他生病的媽媽。

小孩的媽媽告訴老師，孩子的爸爸幾年前外出打工，剛開始還會寄點錢回家，但是後來便沒了音訊，也不知是死是活。眼下就靠自己縫縫補補賺錢支撐著，恐怕明年是沒能力供孩子讀書了。

老師問男孩，那幅畫有什麼含義。男孩指著土屋裡唯一一處透光的三角形天棚說：「每天太陽照在那裡時，是最美好的。」

當天，老師在男孩家裡吃了一頓簡單的午餐。

臨走時，他把身上的錢都掏出來放在桌上，對男孩的母親說：「明年，孩子一定要繼續上學，大家都會幫助他的。我們應該讓孩子明白，前面還有比太陽出現在天棚的三腳架裡美好得多的東西。」

小紅帽生存鐵則

你想要有多大的發展，取得多大的價值和成就，你就得樹多大的志向和理想。一個沒有遠大理想和崇高生活想法的人，就像一隻沒有翅膀的鳥，一台沒有馬達的機器。為了獲得更理想的人生，志向要遠大，想法要宏偉，做法要大方，夢想也要遠大。

兩個換票的打工者

一位哲人說：「思想有多遠，我們就能走多遠。」

兩個鄉下人，外出打工。一個去上海，一個去北京。

可是在候車廳等車時，都又改變了主意，因爲鄰座的人議論說，上海人很精明，外地人問路都要收費；北京人質樸，見吃不起飯的人，不僅會給饅頭，還會送他舊衣服。

去上海的人想，還是北京好，賺不到錢也餓不死。去北京的人想，還是上海好，連幫人帶路都能賺錢，那麼還有什麼不能賺錢的？於是，他們在退票處相遇了。原來要去北京的得到了上海的票，去上海的得到了北京的票。

去北京的人發現，北京果然好。他初到北京的一個月，什麼都沒做，竟然沒有餓著。不僅銀行大廳裡的水可以白喝，而且連大商場裡的試吃品也可以吃到飽。

而去上海的人發現，上海果然是一個可以發財的城市，做什麼都可以賺到錢。帶路可以賺錢，看廁所可以賺錢，連弄盆水讓人洗臉也可以賺錢。只要想點辦法，再花點力氣都可以賺錢。

第二天，他在建築工地裝了十包含有沙子和樹葉的土，以「花盆土」的名義，向不見泥土而又愛花的上海人兜售，當天就淨賺了五十元。

一年後，他竟然在大上海擁有了一間小小的店面。長年的行走在大街小巷中，他又發現：一些商店樓面亮麗而招牌較黑，一打聽才知，是清洗公司只負責洗樓不負責洗招牌的結果。他立即抓住這一商機，買了些梯子、水桶和抹布，辦起一個小型清洗公司，專門負責擦洗招牌。如今他的公司已有兩百多個員工，業務也由上海發展到杭州和南京。

前不久，他搭火車去北京考察清洗市場。在北京站，一個撿破爛的人把頭伸進車廂，向他要一罐啤酒瓶，就在遞瓶子給對方時，兩人都愣住了，因爲五年前，他們曾因換票相遇過。

小紅帽生存鐵則

人一定要有遠大的理想，否則，未來的生活道路中，就會因為自己的目標過低而感到迷茫，「志當存高遠」，「不想當將軍的士兵不是好士兵」，道理就在於此。

一個人有了遠大的理想和努力奮鬥的精神，才能做出一番令人矚目的事業。

使自己人生的圓圈變大

蕭伯納說：「一個嘗試錯誤的人生，不但比無所事事的人生更榮耀，而且更有意義。」

一家電話推銷公司正在對業務員進行培訓。

主管首先在黑板上畫了一幅圖：在一個圓圈中間站著一個人。接著，他在圓圈的裡面加上了一座房子、一輛汽車、一些朋友，說：「這是你的舒服區。這個圓圈裡面的東西對你至關重要：你的住房、你的家庭、你的朋友，還有你的工作。在這個圓圈裡頭，人們會覺得自在、安全，遠離危險或爭端。」

「現在，誰能告訴我，當你跨出這個圈子後，會發生什麼？」

教室裡頓時鴉雀無聲，一位積極的學員打破沉默：「會害怕。」

另一位認爲：「會出錯。」

這時，主管微笑著說：「當你犯錯誤了，其結果是什麼呢？」

最初回答問題的那名學員大聲答道：「我會從中學到東西。」

「是的，你會從錯誤中學到東西。當你離開舒適區以後，你學到了你以前不知道的東西，你增加了自己的見識，所以你進步了。」主管再次轉向黑板，在原來那個圈子之外畫了個更大的圓圈，還加上些新的東西，如更多的朋友、一座更大的房子，等等。「如果你老是在自己的舒適區裡頭打轉，你就永遠無法擴大你的視野，永遠無法學到新的東西。只有當你跨出舒適區以後，你才能使自己人生的圓圈變大，你才能把自己塑造成一個更優秀的人。」

小紅帽生存鐵則

失敗固然痛苦，但更糟糕的是從未去嘗試。自古成功都在於嘗試。偉大的數學家懷特海說：「缺乏進取精神的民族意味著墮落。唯有開拓和競爭，才能立於不敗之地。」對於每一個人也是一樣，只有去嘗試，才知道自己能做什麼；只有不斷進取，敢於向未知領域邁進，才能領略到更美的風景。

五年後你在做什麼

一個人只要清楚地知道自己想上哪兒去，全世界都會讓路給他。

十九歲那年，斯蒂芬在休斯頓太空總署的太空梭實驗室工作，同時也在總署旁邊的休斯敦大學主修專業。斯蒂芬整天處在學、睡和工作之間，這些佔據了他每天的全部時間。但是，只要有一分鐘的閒暇時間，他都會把精力放在自己的音樂創作上。

斯蒂芬知道，寫歌詞不是自己的專長，所以在最近的一段日子裡，他時時刻刻都在尋找一位擅長寫歌詞的搭檔，與他一起創作。斯蒂芬認識了一位作詞的朋友，名叫瓦拉麗。

一個週末，瓦拉麗熱情地邀請他到自己家的牧場吃烤肉。她的祖輩是德州有名的石油大亨，擁有規模龐大的牧場。雖然她的家庭極爲富有，但她的穿著、她的車和謙卑誠懇的待人態度，更讓斯蒂芬從心底佩服。瓦拉麗深知他對音樂的執著，然而，面對那遙不可及的音樂圈子及陌生的美國唱片市場，他們一點門路都沒有。

當時，他們兩個人安靜地待在德州的牧場裡，根本不知道下一步該如何走。

突然，她冒出了一句話：「想像一下，五年後你在做什麼？」斯蒂芬愣了一下。她轉過身來，指著他問道：「嘿！告訴我，在你的心目中，『最希望』五年以後做什麼，那時候，你的生活會是什麼樣子？」他還來不及回答，她又搶著說：「別急，先仔細想想，等你完全想清楚，確定後再說出來。」斯蒂芬沉思了幾分鐘，開始告訴她：「第一，五年後，我希望能有一張自己的唱片在市場上發行，而這張唱片會很受歡迎，可以得到許多人的肯定。第二，我住在一個音樂氣氛濃厚的地方，每天都能夠與世界上一流的樂師一起工作。」

瓦拉麗說：「你確定了嗎？」

「確定了。」他從容地回答道。

瓦拉麗接著說：「好，既然你確定了，我們就把這個目標倒算回來。如果第五年，有一張唱片在市場上，那麼，在第四年，一定要跟一家唱片公司簽約；在第三年，一定要有一部完整的作品，可以拿給許多唱片公司聽；在第二年，一定要有很棒的作品開始錄音了；在第一年，一定要把準備錄音的所有作品全部編曲，把排練準備好；在第六個月，一定要把那些沒有完成的作品修飾好，然後自己可以逐一篩選；在第一個月，就要把目前這首曲子完成；在第一個星期，就要先列出一個完整的清單，排出哪些曲子需要修改，哪些需要完成。好了，我們現在不就已經知道下個星期一要做什麼了嗎？」瓦拉麗笑著說。

「哦！對了，你還說五年後要生活在一個音樂氣氛濃厚的地方，然後與許多一流樂師一起工作，對嗎？」她急忙補充說，「如果你在第五年已經與這些人一起工作了，那麼，在第四年就應該有一個自己的工作室或錄音室；在第三年，你可能會先跟這個圈子裡的人一起工作；在第二年，你不應該住在德州，而應該搬到紐約或洛杉磯了。」

第二年，斯蒂芬辭掉了令許多人羨慕不已的太空總署的工作，離開了休斯頓，搬到了洛杉磯。說來也奇怪，五年後，他的唱片開始暢銷了，他幾乎每天都忙碌著與一些頂尖的音樂高手從日出到日落一起工作。

此後，每當感到困惑的時候，斯蒂芬都會靜下來問自己：「五年後，我『最希望』看到自己在做什麼?如果自己都不知道這個答案，又如何要求別人爲自己做選擇或開路呢?」

小紅帽生存鐵則

大多數人認為成功是一種偶然發生的事情，你是否成功全看你運氣如何。其實，成功不是偶然的，而是因為我們做出了一個決定，並且按照這個決定採取行動才獲得成功的。

光有目標並不能使我們不斷朝前邁進，還要有行動計劃的配合才行。目標的樹立是使我們明確方向，而行動計劃則告訴我們該怎麼做，做什麼才能到達我們想要去的地方。

黯然神傷的洛陽人

一個朝三暮四、見異思遷，或一受到挫折就改變志向的人，終將一事無成。

從前，洛陽有一個人，總想做官，卻一輩子都沒遇到做官的機遇。時光如流水，幾十年彈指一揮間。這個人眼看著自己頭髮已白，年紀老了，不禁黯然神傷。有一天，他走在路上，不禁痛哭流涕起來。有人看見他這般模樣，感到很奇怪，於是走上前問他說：「老先生，請問你爲什麼這麼傷心呢？」

這個人回答說：「我求官一輩子，卻始終沒有遇到過一次機會。眼看自己已經這樣老了，依然是一身布衣，再也不可能有做官的機會，所以我才會傷心痛哭。」

問他的人又說：「那麼多求官的人都得到了官，你爲什麼卻一次機會也沒遇上呢？」

這個老人回答說：「我年輕時學的是文史，當我在這方面學有所成時出來求官，正好遇上君主偏愛任用有經驗的老年人。我等了好多年，一直等到喜好任用老年人的君主去世後又出來求官，誰知繼位的君主卻是個喜愛武士的人，我又一次懷才不遇。於是，我改變主意，棄文學武。等我學武有成時，那個重視武藝的君主也去世了。現在繼位的是一位年輕的君主，他喜歡提拔年輕人做官，而我，如今早已不年輕了。我的幾十年光陰轉瞬即逝，一輩子生不逢時，沒有遇到一次做官的機會，這難道不是十分可悲的事嗎？」說罷，老人又哭起來了。

小紅帽生存鐵則

生活中有一些人之所以沒有什麼成就，原因之一就是經常確立目標，經常變換目標，所謂「常立志」者就是這樣一種人。

一個人在某一個時期或一生中一般只能確立一個主要目標，目標過多會使人無所適從，應接不暇，忙於應付。如果一個人認準了某個遠大目標，並且腳踏實地、始終不渝地去努力，總是有成功機會的。

離目標越來越遠的探險隊員

在現實生活中，許多人沒有取得成功，並不是因為他們懶惰，而是因為他們沒有找準自己的位置。

在地球的最北端，是一片茫茫的雪原。因此，保持行進路線方向的正確，是最重要的事情之一。可是，在這到處是白色的荒地裡沒有任何形式的路標，探險家只能相信他們攜帶的測量儀器。

探險隊員們每走一個小時，都要停下來查看一下地圖，並爲下一步探險繪製詳細的行走路線。然而，就在他們走出營地幾個小時之後，突然發現一個奇怪的現象。當他們停下來讀取測量儀器上的數據時，驚奇地發現，儘管他們準確無誤地朝著北極方向進發，可是離極點的距離卻越來越遠！

隊員們沒有多想，認爲這只是一次誤測，所以沒有猶豫，繼續朝前進發。在下一次讀取數據時，他們再次發現：離北極點更遠了！儘管他們準確無誤地沿著既定的路線前進，也始終保持著正確的方向，可他們還是離北極點越來越遠。

究竟是怎麼回事？難道見鬼了嗎？最後，他們才發現，原來，他們踏上了一座正在向南漂移的巨大冰川，冰川向南漂移的速度比他們向北行進的速度還要快。他們做的每一件事都是完全正確的，可是腳下卻踏錯了地方。

小紅帽生存鐵則

有人認為，人處於什麼位置並不重要，關鍵的是要看好朝著什麼方向前進。這種看法是片面的。有很多時候，我們朝著選好了的方向前進，努力了，奮鬥了，付出了，可始終沒能到達目的地。這就很可能是因為我們自己所站的位置不對。所以，在你選定努力的方向之前，先看好腳下的位置也是非常重要的！

就來看看是你的「賤」快
還是我的刀快。

Point.3

失敗為成功之母

不關大野狼的事，他是出來練賤的

「賤」不是一天兩天造成的。

這是需要長期的積累和歷練，

才能賤無不勝，百賤百勝。

退休之後開創的事業

生活不是速度競賽。只要你腳踏實地一步一腳印前進，沒有哪條路是走不到盡頭的。

永遠失去父親的那一年，桑德斯還不到五歲，連自己的名字尚拼寫不完整。當家裡的人哭作一團時，他覺得很好玩，因爲一時間沒有人能顧及他，他可以自由自在地滿鎮子去玩。

十四歲輟學後，他回到了印第安納州的農場。上學時他不開心，做農活仍讓他不開心，在電車上售票還是讓他不開心，瘦削的小臉上罩滿與年齡不相符的沉重與愁苦。

十七歲，他開了一個鐵藝鋪，生意還未完全做開，就不得不宣告倒閉。

十八歲，他找到生命中第一個愛的碼頭，並棲身在此。但不久後的一天，他再回家時，發現房子裡的東西已被搬遷一空，愛人也不見了蹤影，愛情以迅雷不及掩耳的速度流失，碼頭從此成廢墟。

他嘗試過賣保險，失敗了。

他力爭到一份輪胎推銷業務，失敗了。

他學著經營一條渡船，失敗了。

他試著開一家汽車加油站，也失敗了。

他幾乎在嘗試與失敗中晃到了人生的中年，這個中年的生命蒼白無力到甚至無法從前妻那見自己的女兒一面。

爲了這日思夜想的一面相見，這個落寞的中年男人想到了綁架，綁架自己的女兒！然而，就連這荒唐之舉，在他不惜彎下男兒之軀，在路邊草叢中守候了十多個小時之後，卻也宣告失敗了。

這個人生幾乎被失敗判了死刑的人，又晃過了幾十年無人知、也無人欲知的歲月之後，退休之年，一天，他收到了一百零五美元的社會福利金。

他用這點福利金最後開了一家想以此維生的快餐店——肯德基家鄉雞，隨後的快餐史便是一部肯德基史。

小紅帽生存鐵則

沒有什麼是一成不變的。生活就像自然，有陽春，也有金秋，有酷夏，也有寒冬。走運和倒霉都不可能持續很久。要永遠堅信一點：一切都會變的。

無論身受多大創傷，心情多麼沉重，一貧如洗也好，沒人理解也好，都要堅持住。太陽落了還會升起，不幸的日子總有盡頭，過去是這樣，將來也是這樣。

不斷**失敗**的商人

羅素說：「希望是堅韌的枴杖，忍耐是旅行袋，攜帶它們，人們可以登上永恆之旅。」

有一位商人，他最早是子承父業做珠寶生意的，可是他缺乏父親對珠寶行業的明察秋毫，沒幾年，他就把父親交給他的全城最大的珠寶店賠光了。

他以爲自己不是缺乏經商的才能，而是珠寶行業投資大，技術性太強，風險太大。他決定改行做服裝生意。他認爲服裝行業週期短，而且不需要太大的專業學問，絕對能成功。於是，他變賣了僅有的一些家產，開了一家服裝店。過了三年，他的服裝店已經再也沒有資金進新款衣服，已有的衣服也因價格高於相鄰商家而無人問津，他失敗了，他意識到他不適合於更新太快的服裝市場。當他以爲一種新款剛開始流行，自己馬上組織資金進貨時，同行們的這種款式已經開始淘汰了，他總是跟隨流行的尾巴。

他變賣了服裝店，用剩餘的不多的資金，開了一家飯店。他想，這種簡單的生意總不會再賠錢了。雇幾個人做菜，客人吃飯拿錢，又不用多麼大的流動資金。可是，他又錯了。他眼睜睜看著相鄰的飯店裡賓客盈門，而自己的卻門可羅雀。最後，連雇來的幾個人也跑到別的飯店去了，只剩下他孤零零的一個人。

後來，他又嘗試做了化妝品生意、鐘錶生意、印染生意，都無一例外地失敗了。

這個時候，他已經五十二歲。從父親交給他珠寶店至今，二十五年的寶貴年華都被失敗佔滿。灰白雙鬢使他相信，自己沒有絲毫經商的才能。

他盤算了自己的金錢，所有的錢也僅夠買一塊離城很遠的墓地。

他徹底絕望了，既然自己沒有能力創造財富，就買塊墓地給自己留著，等到哪一天一命歸西，也算有個歸宿。

這是一塊極其荒僻的土地，離城有五公里。別說有錢的人，甚至一些窮人也不買這樣的墓地。

可是奇蹟發生了，就在他辦完這塊墓地產權手續的第十五天，這座城市公佈了一項建設環城高速路的規劃，他的墓地恰恰處在環城路內側，緊靠一個十字路口。道路兩旁的土地一夜之間身價倍增，他的這塊墓地更是漲了好多倍。他做夢也沒想到他靠這塊墓地發財了。

他突然頓悟，自己爲何不做房地產生意呢？而且說做就做。他賣了這塊墓地，又購買了一些他認爲有升值潛力的土地。僅僅過了五年，他就成了全城最大的房地產業主。

小紅帽生存鐵則

有很多人努力了半輩子也沒成功，就往往會放棄。其實，這個時候，也許成功距他只有一步之遙了。一個小小的機遇，可以改變一個人的命運，有很多時候，機遇就在生命的前方等待著，關鍵的是要耐心地等待和發現。只要你嚮往成功，並願意為之付出努力和代價，就不會失望。

一位充滿傳奇色彩的女性

只要奮鬥不息，誰都可以創造奇蹟！

如果一個人年過半百，還會迎來事業、愛情的第二次輝煌嗎？在常人的眼睛裡，這幾乎是不可能的事情，但有一個人做到了，而且，她還是個女人。

這是一個德國人，出生在一個商人家庭，自小喜歡上演員這個職業。二十歲的時候，因爲天生麗質加上傑出的演技，她被當時的納粹頭目相中，「欽點」成戰爭專用宣傳工具。

幾年以後，德國戰敗，她因此受到牽連，被判入獄四年。刑滿釋放後，她想重回自己喜愛和熟悉的演藝圈，然而，儘管她才華洋溢，演技出眾，可由於歷史上的污點，主流電影媒體處處對她小心提防，敬而遠之，大好的金色年華就這樣付諸東流。

一晃十幾年過去了，她的身份，仍然走不出刑滿釋放囚犯的影子，沒有人敢用她，沒有人敢收容她，甚至，沒人敢娶她。年近半百，她仍然獨來獨往，形單影隻。

她的五十歲生日就這樣淒然來到。那天，她大醉了一場，醒來之後，突然做了一個誰也意想不到的決定。她決定獨自深入非洲原始部落，撰寫、拍攝獨家新聞。這之後的兩年，她克服重重困難，頂住心理、生理上的巨大壓力，拍攝了大量原始部落的人們生活影集。這些照片，一舉奠定了她在國內攝影界的地位。

她的奮鬥精神和曲折經歷深深吸引了一位三十歲的小伙子。他和她是同行，共同的興趣和愛好讓他們超越了年齡的隔閡，拋開外界的輿論在一起了。

在接下來近半個世紀的時光，他們遠離人間的一切是非，相敬如賓的恩愛，出入內外交困的非洲部落，深入大西洋海底世界探險，寫下了一段浪漫而美麗的愛情故事。

爲了使自己的拍攝才華與神祕的海底世界容爲一體，在六十八歲的那年，她開始學習潛水。隨後，她的作品集中增添了瑰麗的海洋記錄，這段海底拍攝生涯一直延伸到她百歲高齡。

最後，她以一部長達四十五分鐘的精湛短片《水下世界》，寫下了記錄電影的一個里程碑，也爲自己的藝術生命畫上了一個圓滿的句號。

這位充滿傳奇色彩的女性，就是被美國《時代週刊》評爲二十世紀最具有影響力的一百位藝術家中的唯一女性，她的名字叫萊妮·麗勞斯塔爾。

小紅帽生存鐵則

成功沒有時間表。在人生旅程中，不願意付出畢生的努力，就可能會一無所獲。我們在生活中也許會遇到各種坎坷和障礙。然而，人的潛能真的是無限的，只要我們願意去追求我們的夢想，時刻保持一腔熱情和一顆不息的奮鬥雄心，遲早會迎來燦爛輝煌的人生。

小酒店主和大老闆

培根說：「好的運氣令人羨慕，而戰勝厄運則更令人驚歎。」

小鎮不大，卻有兩家規模不算太小的酒店。一家叫王記酒店，主人是王守常；一家叫李記酒店，主人叫李革新。

一個小鎮有兩家酒店，就不可避免地產生競爭。王守常做生意很有一套，不僅請了個好廚師，而且待人也很熱情，說得話總是讓客人心裡覺得溫暖，飯菜也不貴，所以生意一直很好。

王記的生意好了，李記的生意就自然差，畢竟小鎮人不是很多。李革新也曾想過許多辦法，無奈客人並不是太買帳，總是往王記那邊消費去，於是李記酒店就處於虧損狀態。剛開始，李革新還堅持著，不過時間一長，越虧越多，欠了一屁股債，酒店只好關門，李革新從此離開了小鎮。

小鎮上只有王記一家像樣一點的酒店，王守常的日子就更忙碌了。

後來，小鎮上也曾先後開業過幾家像樣的酒店，有兩家甚至比王記酒店大得多。但王守常有辦法，每天端個茶壺東走走，西轉轉，似乎一切並不放在心上，而王記酒店的生意仍然一天比一天好。那些競爭對手們一個一個都敗下陣來，後來，全都關了門。最後，小鎮上的酒店仍然只有王記一家。

王守常仍然每天端著茶杯東遊西轉，但他的酒店規模仍逐漸壯大。在小鎮，王守常成了首屈一指的富人。

多年之後，小鎮突然來了一個實力很雄厚的外商，要在小鎮投資辦企業。外商來的那天，連鎮長都親自陪著那外商身邊。

人們發現，那外商居然是李革新。原來，他離開小鎮後，不知經歷了不知多少次失敗，最後居然賺到了數千萬的資產。

後來有一天，王守常和李革新聚在一起敘舊，王守常感慨道：「我一直認爲你做生意不如我。事實上，當年你也的確敗在我手下，小鎮那麼多開酒店的都敗在我手下。可是爲什麼你成了千萬富翁，而我卻仍在開一家小店？」

李革新說：「說實話，你做生意的確很有天賦，所以每次和對手競爭時你都勝利了。但也正是這種不斷的小成功，讓你始終處於一種無憂的生活之中，沒有太大的壓力，自然也就失去繼續拚搏的動力，所以你只能繼續開你的小店。也可以說，就是這種不斷的小成功阻礙了你走向更大的成功。」

小紅帽生存鐵則

甘於平庸的人，在小的成功面前就會驕傲自滿；而志在追求卓越的人，在失敗面前更能鍛鍊自己的意志。苦難是一筆巨大的財富，苦難締造了強者健康有力的品格，豐富了強者的經驗，鍛鍊了強者非凡的才能。總之，「苦難是成功之母」。不經風雨，怎麼見彩虹？

頑強堅毅的硬漢

黑人領袖馬丁・路德金說：「這個世界上，沒有人能夠使你倒下，如果你自己的信念還站立的話。」

一八九九年七月二十一日，海明威出生於美國伊利諾伊州芝加哥市郊的橡樹園鎮。他十歲歲開始寫詩，十七歲時發表了他的小說《馬尼托的判斷》。上高中期間，海明威在學校週刊上發表作品。十四歲時，他曾學習過拳擊，第一次訓練，海明威被打得滿臉鮮血，躺倒在地。但第二天，海明威還是裹著紗布來了。二十個月之後，海明威在一次訓練中被擊中頭部，傷了左眼，這隻眼的視力再也沒有恢復。

一九一八年五月，海明威志願加入赴歐洲紅十字會救護隊，在車隊當司機，被授予中尉軍銜。七月初的一天夜裡，他的頭部、胸部、上肢、下肢都被炸成重傷，人們把他送進野戰醫院。他的膝蓋被打碎了，身上中的炮彈片和機槍彈頭多達兩百三十多片。他一共做了十三次手術，換上了一塊白金做的膝蓋骨。有些彈片始終沒有取出來，到去世時都還留在他體內。他在醫院躺了三個多月，接受了義大利政府頒發的十字軍勳章和勇敢勳章，這一年他剛滿十九歲。

一九二九年，海明威的《永別了，武器》問世，作品獲得了很大的成功。成功後的海明威便開始了他新的冒險生活。一九三三年，他去非洲打獵和旅行，並出版了《非洲的青山》一書。一九三六年，他寫成了短篇小說《乞力馬扎羅的雪》和《麥康伯短暫的幸福生活》。

一九三九年，他完成了他最優秀的長篇小說《喪鐘爲誰而鳴》。

日本偷襲珍珠港後，海明威參加了海軍，以自己獨特的方式參戰，他改裝了自己的遊艇，配備了電台、機槍和幾百磅炸藥，他在古巴北部海面搜索德國的潛艇。

一九四四年，他隨美軍在法國北部諾曼地登陸。他率領法國游擊隊深入敵占區，獲取大量情報，並因此獲得一枚銅質勳章。

海明威在他的作品中塑造了一系列「硬漢」——打不敗的人，這是海明威所追求的永恆的東西，這就是堅毅的品格、頑強的精神。他靠著頑強的性格，戰勝了一切在常人看來是不可能戰勝的困難和挫折。就在他生命的最後階段，海明威鼓足力量，做了最後的衝刺。

一九五二年發表的中篇小說《老人與海》，爲他帶來了普利茲文學獎和諾貝爾文學獎的崇高榮譽。《老人與海》中的老人，是海明威最後的硬漢形象。那位老人遇到了比不幸和死亡更嚴峻的問題：失敗——老人拼盡全力，只拖回一具魚骨。「一個人並不是生來就要給打敗的，你盡可以消滅他，可就是打不敗他。」這是老人的話，也是海明威人生的寫照。

小紅帽生存鐵則

人的一生是不可能一帆風順的，總會存在著這樣或者那樣的挫折和困難。也正因為如此，很多人在面對挫折與困難時喪失了挑戰的勇氣，從此甘於平庸；而有些人則憑著自己頑強不屈的性格，勇敢地挑戰挫折和困難，並最終取得了勝利。對於困難，我們不必害怕也不必迴避，而應以積極的態度迎難而上，在征服困難的過程中，把我們鍛鍊得更加堅強。

決定**生命意義**的兩棵樹

當你面對艱苦的日子時，一定要堅強地挺下去。因為人的潛在力量是無限的，而困難的存在畢竟是暫時的。

一個年輕人，從小就是人見人愛的孩子。學生時代是好學生，還獲得過無數獎項。

然而，命運在他接到大學錄取通知書那年的暑假，給他開了一個大玩笑：在一次過馬路時，一輛飛馳而來的車輛無情地奪去了他的雙腿和左手。面對這飛來橫禍，他沒有被打倒，最終憑著驚人的毅力自學完全部的大學課程，後來又創辦了自己的公司，成爲一家擁有上千萬元資產的企業家，並當選爲市裡的「十大傑出青年」。

記者去採訪他，問他如何克服難以想像的慘痛折磨取得今天的成績。

完全出乎記者的意料，他最想感謝的既不是給他巨大關愛的父母，也不是一直鼓動和支持他的朋友，而是說：「我要感謝兩棵樹！」

遇到車禍之後，對從小就出類拔萃、自尊心極強的他來說，不啻為世界末日的來臨。看看自己殘缺不全的身體，他痛不欲生，感到一生就這樣毀了，人生再沒有什麼值得追求的目標和意義，還一度想要自殺。即使在醫院聽到遠遠從街上傳來的一、兩聲汽車喇叭聲，也能引起他的煩躁和不安，情緒極不穩定。

為了讓他散心，轉移注意力，在他出院以後，家人特地把他送到鄉下的姑媽家去靜養。

在那裡，他遇到了決定他生命意義的兩棵樹。

姑媽家住在一個遠離城市的小村子，那裡寧靜、安逸，甚至有些落後。他就在姑媽的小院子裡，每天吃飯、睡覺，睡覺、吃飯，一天天地打發著他認為不再寶貴的時光，人也更加灰心喪氣和慵懶下來。

一晃半年過去。有一天下午，姑媽家的人下田的下田，上學的上學，僅剩他一人在家。百般無聊的他，自己搖動輪椅走出了那個小小的院落。

就這樣，似有冥冥中的安排，他與那兩棵樹不期而遇。

在離姑媽家五、六十米的地方，有兩棵長得十分怪異的榆樹，像籐條一般扭曲著肢體，但卻頑強地向上挺立著。兩樹之間，連著一根七、八米長的粗粗鐵絲，鐵絲的兩端深深嵌進樹幹裡。不，是直接纏繞在樹裡！活像一隻長布袋被攔腰緊緊繫了一根繩子，呈現兩頭粗、中間細的奇怪形狀。

見他好奇的樣子，一旁的鄰居主動告訴他，當初是爲了晾曬衣服的方便，直到七、八年前，有人在兩棵小榆樹之間拉起了一根鐵絲。

時間一長，樹幹越長越粗，被鐵絲纏繞的部分始終衝不出束縛，被勒出了深深一圈傷痕，兩棵小樹奄奄一息。就在大家都以爲這兩棵榆樹再也難以存活的時候，沒想到第二年一場冬雨過後，它們又發出了新芽，而且隨著樹幹逐漸變粗，年復一年，竟將緊箍在自己身上的鐵絲「吃」了進去！

莫名地，他的心被強烈地震撼了：面對外界施加的暴力和厄運，小樹尚知抗爭，作爲一個人，又有什麼理由放棄對生活的努力！

面對這兩棵榆樹，他感到羞愧，同時也激起了深藏於內心的那份不甘，只見他用自己僅存的右手，艱難地從坐了半年多的輪椅上撐起整個身體，恭恭敬敬地對著那兩棵再普通不過，卻又再堅強不過的榆樹，深深鞠了躬！

很快的，他便主動要求回到城裡，拾起了久違的課本還有信心，開始了屬於自己的新的生活。

小紅帽生存鐵則

在人的一生中，誰都避免不了遭遇一些挫折打擊，一些讓我們傷心流淚的時刻。但我深信，人生的苦難雖多，生命的韌力卻比這一切更堅強，只要你下決心好好地活著，你就能好好地活下去。

生存的本能是上帝賦予人類極大的權利，只是很多人都未曾發揮。

困難是為了讓我們更強大

美國作家愛默生曾說：「逆境有一種科學價值。一個好的智者是不會放棄這種機會來學習的。」

在一次電話採訪中，一個記者曾經問過李連杰這樣一個問題：「你這些年都是一帆風順，你是怎麼變得這麼強大的呢？」

李連杰笑了，他想：這位記者，採訪我之前一定沒做過認真的準備。其實，他從來就不是一帆風順的。李連杰在朋友中有個外號，叫「死過一百次的生還者」。他很小的時候父親就過世了，家境實在太差，只好加入武術隊，靠每個月微薄的補貼養活全家；十一歲開始，他連續五次拿到全國武術比賽冠軍；十八歲拍了《少林寺》一夜成名，但隨即，第二年他就摔斷了腿，差點成爲廢人；好不容易等到《黃飛鴻》系列電影大賣，他的經紀人又遭黑道槍殺，事業再次陷入低谷……

李連杰說：「別人從來都只是在電影中瞭解我，覺得我就是電影中那些硬漢，身懷絕技，從精神到肉體都是天生的強大。事實上，我只是一個血肉做成的普通人，甚至，我比很多人還脆弱，有一段時間，我天天想著出家當和尚。

但是，少林寺的一位高僧卻不同意我這樣做，因爲出家並不能從根本上解決問題，佛家還講究入世修行呢！後來，我去好萊塢發展時，他要我記住一句話：一切困難都是爲了讓自己變得更強大！

這話聽起來實在不像是什麼祝福。果然，到了好萊塢，事情並不順利，雖然台灣老闆楊登魁花了上億元幫我打造形象，創造機會，但傲慢的好萊塢並不肯接納我這個身高才一百七十公分的華人。我忍著，直到一次在片場，導演把劇本摔到我臉上，冷冷地問我：『你是不是不懂英文，所以劇本沒看懂？』

那個晚上，我打電話給那位高僧。他淡淡地說：『這些年你吃了不少苦頭，但回過頭來想一想，是現在的你強大，還是過去的你強大？』我一愣，想著自己這半生的經歷，的確，那些困難現在看起來都不值一提了，可是在當時，又何嘗不是逼得自己無路可逃？可見，困難的確在讓我變得強大，至少，讓我的承受能力越來越強！

從那以後，我不再懼怕任何困境，對困境內外甚至抱著一種『歡迎』的態度。朋友都說我瘋了，但我心裡知道，這不過是在困難中修煉自己。」

小紅帽生存鐵則

困境總會過去，而經歷困境的人，卻在這個過程中變得更樂觀、更有力量。

苦難是最好的大學，當然，你必須首先不被其擊倒，然後才能成就自己。生活中的挫折與困苦並不可怕，在任何環境下都要保持樂觀的心態，不放棄對生活的熱愛和追求，這樣你就能每天都生活在希望之中。

虧光了所有錢的富翁

「逆境是人生的寶藏。」稍遇挫折，身處逆境，就一蹶不振、停滯不前的人，決不會成功。

有一個阿拉伯的富翁，在一次大生意中虧光了所有的錢、並且欠下了債。他賣掉房子、汽車，還清債務。

此刻，他孤獨一人，無兒無女，窮困潦倒，唯有一隻心愛的獵狗和一本書與他相依爲命，相依相隨。

在一個大雪紛飛的夜晚，他來到一座荒僻的村莊，找到一個避風的茅棚。他看到裡面有一盞油燈，於是用身上僅存的一根火柴點燃了油燈，拿出書來準備讀書。但是，一陣風忽然把燈吹熄了，四面馬上漆黑一片。這位孤獨的老人陷入了黑暗之中，他對人生感到痛徹的絕望，甚至想到了結束自己的生命。但是，站在身邊的獵狗給了他一絲慰藉，他無奈地歎了一口氣後沉沉睡去。

第二天醒來，他發現心愛的獵狗被人殺死在門外。撫摸著這隻相依爲命的獵狗，他忽然決定要結束自己的生命，世間再沒有什麼值得留戀的了。於是，他最後掃視了一眼四周的一切。

這時，他突然發現整個村莊都沉寂在一片可怕的寂靜之中，他不由急步向前。啊！太可怕了！到處是屍體，一片狼藉！顯然，這個村昨夜遭到了匪徒的洗劫，整個村莊一個活口也沒留下來。

看到這可怕的場面，老人不由心念急轉：「我是這裡唯一倖存的人，我一定要堅強地活下去。」

此時，一輪紅日冉冉升起，照得四面一片光亮，老人欣慰地想：「我是這個世界裡唯一的倖存者，我沒有理由不珍惜自己。雖然我失去了心愛的獵狗，但是，我得到了生命，這才是人生最寶貴的。」

於是，老人懷著堅定的信念，迎著燦爛的太陽又出發了。

小紅帽生存鐵則

很多時候，一個人的苦樂成敗，不在於外物的左右，而在於自己的心態和看待世界的角度，如果你用悲傷的眼光看待生活，那麼你的生活就會暗無天日；如果你用樂觀的眼光看待世界，那麼你就會發現，生活到處隱藏著成功與幸福的玄機。

失意的工程師和黑鷹

養成心向光明的良好習慣，會使你在遇到困難時比別人堅持得更久，也就更容易戰勝困難。

二〇〇四年三月的某一天，化學工程師傑克在做實驗的過程中發生了意外。實驗的容器發生爆炸，讓他全身皮膚被大面積灼傷。

經過三個多月的治療，傑克的臉上留下了一道道可怕的疤痕。出院後，公司以「身體健康欠佳」爲由解聘了他。此時的傑克情緒非常低落，脾氣越來越怪，竟向深愛他的妻子提出了離婚。

失意的傑克來到靠近墨西哥的一個山區小鎮，準備在這裡隱居。爲了盡快忘掉過去，傑克終日沉溺於登山，因爲只有遠眺群山峰巒時，他才會覺得自己仍然活著。

有一天，他在懸崖邊突然發現了一個奇特的現象。他看見一隻老態龍鍾的黑鷹正用喙把自己爪子上的趾甲連根拔起，每拔一下，都彷彿用盡了自己的全身力氣。牠忍受著劇烈的疼痛，鮮血也滲進了岩石裡。

傑克頓生憐憫，覺得這隻可憐的鷹也跟自己一樣被大自然所拋棄，在以一種自殘的方式作踐自己的生命。

十幾天過去了，黑鷹一直不吃不喝地待在巢中。快一個月了，黑鷹已經奄奄一息了，但是傑克卻發現牠的爪子神奇地長出了一點點。每天傑克都在目睹黑鷹的變化：拔掉爪子，又長出新的；拔掉羽毛，再一根根地生長出來。

終於有一天，傑克在山上沒看到那隻黑鷹，他下山時，突然看見天空中出現了一個黑點，向崖邊逼近，就是那隻黑鷹，牠雙翅有力，眼神凌厲，與之前垂死前的模樣有著天壤之別。

望著牠翱翔藍天的矯健身影，傑克心裡突然湧動起一股久違的豪情。

後來，傑克查閱了大量資料，揭開了黑鷹的奧祕。牠叫阿爾班鷹，能活到二十五歲。到了第二十五個年頭，鷹的爪子開始老化，無力再捕捉獵物；喙變得又長又彎，會垂到胸脯的位置；翅膀會長出又密又厚的羽毛，變得沉重難以飛翔。此時的阿爾班鷹只有兩種選擇：不是等死，就是重生。

這是一個漫長而可怕的過程，重生的阿爾班鷹要忍受莫大的痛苦和劇烈的身體創傷。

重生的第一步是除去老化的喙，要在粗糙的岩石上把老化的喙皮一層層磨掉，直到完全被剝離，由於無法吞食食物，牠不吃不喝，只能在痛苦的煎熬中靜靜等待。

幾個月後，新的喙慢慢生長出來，阿爾班鷹又開始了重生的第二步，用喙把爪子上老化的趾甲一根根拔掉，鮮血一滴滴灑落，然後又是漫長的等待。奄奄一息的阿爾班鷹在痛苦中長出了新的趾甲，此時牠還得熬過第三關：用新長出來的趾甲，把身上又長又重的羽毛一根根拔掉……

新的喙，新的爪子，新的羽毛，重生後的阿爾班鷹能夠再活二十五年。一隻鷹為了能再享受翱翔藍天的自由，為了讓生命再次延續，可以忍受難以想像的身體痛苦，表現出了讓人敬佩的頑強意志……

備受震撼的傑克重新回到了繁華的都市，準備開始新的生活……

小紅帽生存鐵則

每一個人都渴望擁有燦爛的人生，但真正能夠活得精彩無限，卻是那些始終以積極的方式回應生活的人。人在生活中難免會遭遇各種挫折，歷經各種磨難。只要信念、勇氣不失，積極尋求扭轉逆境的機會，就有可能反敗為勝，掀開人生嶄新的一頁。

喜歡拉小提琴的孩子

只要有一線希望就不要放棄，就要拚搏，就要努力！

有一個孩子非常喜歡拉小提琴，他七歲時就和舊金山交響樂團合作演奏了門德爾松的小提琴協奏曲，未滿十歲歲就在巴黎舉行了公演，被人們譽爲神童。

一九二六年，十歲的小男孩在父親的帶領下，來到巴黎拜訪艾涅斯庫，他一心想成爲艾涅斯庫的學生。

他說：「我想跟您學琴！」艾涅斯庫冷漠地回答：「你找錯人了，我從來不爲私人上課！」男孩堅持說：「但我一定要跟您學琴，求您先聽聽我拉琴吧！」艾涅斯庫說：「我正要出遠門，明天早晨六點半就要出發！」男孩連忙說：「我可以提早一個小時來，在您收拾東西時拉給您聽，好嗎？」

艾涅斯庫被男孩的誠意打動了，他說：「那好吧，明早五點半到克里希街二十六號，我在那裡等你。」

第二天早晨六點鐘，艾涅斯庫聽完了男孩的演奏。他興奮而滿意地走出房間，對等候在門外的男孩的父親說：「我決定收你的兒子爲學生，而且不用學費，他給我帶來的快樂，完全抵得過我給他的好處。」男孩從此成爲艾涅斯庫的學生，他努力學琴，最終學有所成。他就是後來世界著名的小提琴演奏家梅紐因。

當我們遭到拒絕時，心中就如被撕裂般痛苦不堪。但越是在這種情況下，我們越不能畏縮，更不可放棄。因爲，只有不被拒絕擊倒，才會享受到清甜可口的成功果實。

小紅帽生存鐵則

一位著名的企業家說：「我永不會遭遇過失敗，因為我所碰到的都是暫時的挫折。」局面越是棘手，越要努力嘗試。過早地放棄努力，只會增加你的麻煩。面臨嚴重的挫折，必須堅持下去，加倍努力和增快前進的步伐。下定決心堅持到底，並一直堅持到把事情辦成。

沒有什麼不可能

亨利・福特說過：「覺得自己能做到或不能做到，其實只在一念之間。」

克爾是一家報社中最優秀的職員，他剛到報社當廣告業務員時，對自己很有信心。他主動向經理提出不要薪水，只按廣告費抽取佣金的條件，經理也答應了他的要求。於是，他列出了一份特殊的客戶名單，準備去拜訪這些客戶。而報社的其他業務員都認爲，這些客戶都曾多次拒絕過他們，根本不可能與他們報社合作的。克爾則認爲，自己堅強的意志必然能改變客戶，就懷著極其堅定的信心去拜訪。

第一天，他和二十個不可能的客戶中的三個客戶談成了交易；在第二個星期的另外幾天，他又成交了兩筆交易；到了第一個月的月底，二十個客戶中只有一個還不買他的廣告。

在第二個月裡，克爾沒有去拜訪新客戶，每天早晨，只要那拒絕買他的廣告的客戶一開門，他就馬上進去，請這個商人做廣告。但是，每天早晨這位商人卻總是回答他：「不！」克爾對此聽而不聞，繼續前去拜訪。到那個月的最後一天，連續說了三十天「不」的那個商人對他說：「你已經浪費了整整一個月的時間來請求我買你的廣告。我現在想知道的是，你爲何要堅持這樣做？」克爾回答說：「我並沒有浪費時間，我等於在上學，而你就是我的老師，我一直在訓練自己在逆境中的堅持精神。」那位商人點點頭接著說：「我也等於在上學，而你就是我的老師。你已經教會了我堅持到底這一課，這比金錢更有價值。爲了表示對你的感激，我要買你一個廣告版面，當作我付給你的學費。」

小紅帽生存鐵則

面對失敗和拒絕要有百折不撓的精神，堅持不懈的人才有可能走向最後的成功。做人不能因為暫時的失敗和挫折而自暴自棄，反而應該更加努力上進。一個人如果沒有堅強的意志和堅韌不屈的精神，任何事就無法做到持之以恆。在困難面前，其實我們每個人最需要的，就是再堅持一下而已。

連遭多重厄運打擊的女人

當你正遭受厄運的打擊時，一定要相信，幸福很快就會來臨。

美國賓夕法尼亞州匹茲堡市有一個女人，她已經三十五歲了，過著平靜、安穩的中產階層家庭生活。但是，她突然連遭四重厄運的打擊。丈夫在一次事故中喪生，留下兩個小孩。沒過多久，一個女兒被烤麵包的油脂燙傷了臉，醫生告訴她孩子臉上的傷疤終生難消，她爲此傷透了心。她在一家小商店找了份工作，可是沒過多久，這家商店就倒閉了。丈夫給她留下一份小額保險，但是因爲她延誤了最後一次保費的續繳期，因此保險公司拒絕支付賠償。在遭遇一連串不幸事件後，女人近乎絕望。她左思右想，爲了自救，她決定再做一次努力，盡力拿到保險賠償。在此之前，她一直與保險公司的工作人員打交道。當她想面見經理時，接待員告訴她經理出去了，她站在辦公室門口無所適從。就在這時，接待員離開了辦公桌。機會來了，她毫不猶豫走進裡面的辦公室，結果，看見經理獨自一人在那裡。經理很有禮貌地問候了她，她受到了鼓勵，沉著冷靜地講述了索賠時碰到的難題。經理派人取來她的檔案，經過再三思索，決定應當以德爲先，給予賠償，雖然從法律上來說，保險公司並沒有承擔賠償的義務，不過工作人員仍按照經理的吩咐爲她辦理了賠償手續。

但是，由此引發的好運並沒有到此中止。經理尚未結婚，對這位年輕寡婦一見鍾情。他幫她打了通電話，幾星期後，他爲寡婦推薦了一位醫生，醫生爲她的女兒治好了病，孩子臉上的傷疤被清除乾淨了。後來經理透過在一家大百貨公司工作的朋友，請朋友爲寡婦安排了一份工作，而這份工作比她以前那份工作好多了。不久，經理向她求婚。幾個月後，他們結爲夫妻，而且婚姻生活相當美滿。

小紅帽生存鐵則

易卜生說：「不因幸運而故步自封，不因厄運而一蹶不振。真正的強者，善於從順境中找到陰影，從逆境中找到光亮，時時校準自己前進的目標。」任何時候，都不要因厄運而氣餒，厄運不會時時伴隨你，陰雲之後，陽光很快就會來臨。

坍方礦井中倖存的男人

無論何時何地，我們身處何種境地，都要抱著必定勝利的信念。

有一名礦工在坍方的礦井下待了八天後被人們救了上來，與他一同被困的五個同伴都沒有他的處境艱難，卻都沒有生存下來。

其實，這名生還的礦工並不知道自己在礦井裡待了多久。

他後來回憶說，當時發現坍方，心中十分慌亂、絕望，但他很快控制住情緒，安慰自己說：「不要緊，井上面的人一定會下來救我。」正好那天他很累，就躺在木板上睡著了。醒來後，他在坑道裡來回走動，仔細聽有沒有外面傳來的聲音。

這樣的情形不知過了多長時間，除了水滴聲，坑道裡靜得出奇。

他害怕時，就唱歌給自己聽，然後幫自己鼓掌喝彩。然後他就笑了，覺得挺好玩的。唱累了，他又躺在木板上睡覺，幻想著他喜歡的女子、愛吃的食物，希望能在夢中看見這些。

再次醒來時，他又豎起耳朵聽，漸漸地，一些聲音出現了。他高興地向發出聲音的地方跑去，大喊大叫，希望引起注意。但是，這些聲音有點怪，只要他發出什麼聲音，那邊很快就能出現同樣的聲音，原來是回聲。

時而恐懼，時而平靜，時而絕望，時而欣慰……他一直在與自己的內心作鬥爭。爲了控制住自己的情緒，他想盡一切方法，除了唱歌、講故事、幻想美好食物，他還堅持在坑道裡玩射擊遊戲，就是將一片木板插在壁上，然後在黑暗中向它扔煤塊，如果聽到「啪」的一聲，就是打中了。他規定自己：只有打中一百次自己才能睡覺。

他不知道多久時間沒吃飯了，口袋裡有個拳頭大的糯米團是他的寄託。他每次都是數著米粒吃它，獲救前已經吃了三百六十七粒。

他在回憶時說：「坑道裡有水，口袋裡有糯米團，更重要的是，我堅信人們會來救我，我絕不能害怕，絕不能發瘋，絕不能自殺，我一定要控制住自己……」

他是在夢中聽見聲響的，然後他就看見洞口射進刺眼的光芒。他緊緊摀住眼睛，但仍然感覺光是那麼強。當他確信自己得救時，身體一下子就軟了下來。

小紅帽生存鐵則

當我們身處困境時，僅僅想要去依靠外界的救助是遠遠不夠的，最重要的其實是我們的自救。

我們雖無法控制災難，但我們能控制自己；我們雖無法預料事情的開始，卻能控制事態的結束。從某種意義上看，人是透過控制自己，才控制了他的整個世界。

當一個好的輸家

如果想摘玫瑰，就不要怕刺！人的一生不可能只有成功的喜悅而沒有遭受挫折的痛苦，一個人如果能在失望中與絕望中看到希望，那他就已經有了成功的可能。

一位曾經獲得奧斯卡金像獎最佳女主角獎，也是第一位獲此殊榮的黑人女星荷莉．貝瑞，她於二〇〇四年接下了一個爛劇本，拍出一部砸了自己招牌的電影《貓女》。

然而，來年在奧斯卡頒獎前夕，由來自美國與十五個國家的新聞界、金酸莓獎基金會成員共六百七十五名評審，投票選出荷莉．貝瑞爲當年最爛女主角獎得主。這是一個嘲諷，也是一個羞辱，任何人獲此「殊榮」都不會開心。歷屆得獎人，也幾乎都不會出席，更不會上台領獎。

然而，她出席了。當年勇奪奧斯卡小金人時，穿著透明刺繡禮服，完美的曲線畢露，手握獎座，激動得泣不成聲的她，身著一件黑色禮服，落落大方地上台領獎。最有趣的是，她一面上台，一面捂著胸口，做出不敢置信、快要昏倒的驚喜表情。這與她當年領奧斯卡獎的表情相互呼應，都可成爲經典。

她接過獎座，用誇張的語氣說：「我的天啊！我真不敢相信！我竟然會得到這個獎。我要『感謝』許多人的幫忙。如果不是大家的『努力』，我根本不可能得到這個獎……」隨著她的每一句話，台下笑聲不斷，掌聲不斷。

荷莉．貝瑞還邀請她的經紀人上台「分享」這個獎項，並且揶揄地說：「麻煩你以後替我挑選劇本的時候，能仔細一些。」

開完了玩笑，她正經地說：「我的母親告訴我，如果不能當一個好的輸家，就不可能成爲好的贏家。」

小紅帽生存鐵則

有時失敗也是一種機會。一個人終其一生，很有可能因為種種原因，留下幾處人生的敗筆。如果能夠對自己人生中的敗筆認真反省一下，也許從中能得到昇華自己品性的契機。能夠在眾人面前接受失敗，也是一種膽識；會接受失敗的人，才能嘗到成功滋味。

Point. 4

專注、執著

大野狼你比野狼機車還機車

當一個人醉心於一件事時叫作專業；

當一個人刁難、無理、蠻橫集於一身的時候，
就是機車。

只要努力嘗試就不會失敗

命運全在拚搏，奮鬥就是希望。而失敗只有一種，那就是放棄努力。

一九二七年，美國阿肯色州的密西西比河大堤被洪水沖垮，一個九歲的黑人小男孩的家被沖毀，在洪水即將吞噬他的一刹那，母親用力把他拉上了堤坡。

一九三二年，男孩八年級畢業了，因爲阿肯色的中學不招收黑人，他能到芝加哥讀中學，但是家裡沒有那麼多錢。那時母親做出一個驚人的決定，絕對要讓男孩復讀一年。她每日爲五十名工人洗衣，熨衣和做飯，賺錢要讓孩子上學。

一九三三年夏天，家裡湊足了那筆學費，母親帶著男孩踏上了火車，奔向陌生的芝加哥，母親繼續以當傭人謀生。

後來男孩以優異的成績中學畢業，後來又順利地讀完了大學。一九四二年，他開始創辦一份雜誌，但最後一道障礙是缺少五百美元郵費，沒有郵費不能爲訂戶發函。一家信貸公司願借貸，但有個條件，就是得有一筆財產做抵押。母親曾分期付款好長時間買了一批新傢俱，這是她一生最心愛的東西，但她最後還是同意將傢俱做了抵押。

一九四三年，那份雜誌獲得成功，男孩終於能做自己夢想多年的事了：讓母親好好休息，並告訴她不用工作了。那天，母親哭了，那個男孩也哭了。

後來，在一段反常的日子裡，男孩的一切彷彿都墜入谷底，面對巨大的困難和障礙，男孩已無力回天。他心情憂鬱的告訴母親：「媽媽，看來這次我真要失敗了。」

「兒子，」她說，「你努力試過了嗎？」

「試過。」

「非常努力嗎？」

「是的。」

「很好。」母親果斷地結束了談話，「無論何時，只要你努力嘗試，就不會失敗。」

果然，男孩渡過了難關，攀上了事業的巔峰。

這個男人就是馳名世界的美國《黑人文摘》雜誌創始人，約翰森出版公司總裁、擁有三家無線電台的約翰·H·約翰森。

小紅帽生存鐵則

海明威說：「人不是為失敗而生的。一個人可以被毀滅，但絕不能被打敗。」一跌倒之後還要站起來，不論面對什麼樣的困境，你都可以在心裡對自己說：不要放棄。

對於意志堅強的人來說，失敗只不過是理智的又一種光芒，而困難則是激發堅毅品格的新動力。沮喪和打擊無法擊垮他們，反而只能把他們全身的勇力氣勢磅礡地激發出來。

豆芽菜的差異

梁啟超有一句名言：「患難困苦，是磨煉人格之最高學校。」

有個年輕人，進入大學後由於學校和專業成績都不理想，他索性不再努力，經常逃課、喝酒，任自消沉。偶爾去上課，也是無精打采，心不在焉。教授見狀，提醒他：「年輕人，要打起精神啊！」

「要精神有何用，將來還不是一樣就業難，難就業！」年輕人脫口而出。教授眉頭緊蹙，沉思片刻，說：「下課後，你跟我來一下。」

那天下課後，他跟著教授來到一個人來人往的菜市場。教授在一家賣豆芽菜的攤位前停下，示意他仔細觀看這家豆芽菜的品質。年輕人有些茫然，不知教授的葫蘆裡賣的是什麼藥，但他還是仔細地去看了。

他發現這家的豆芽菜又細又長，還帶根鬚，攤前幾乎沒有人。接著，教授把他帶到另一家賣豆芽菜的攤位前，又示意他看這家豆芽菜的品質。相較之下，他發現這家的豆芽菜短壯鮮嫩，且無根鬚，所以購買的人很多。

教授問：「爲什麼會有這種差異呢？」

「無外乎設備、生產工藝不同而已。」他不屑一顧地答道。

教授搖搖頭，又帶他去參觀了這兩家生產豆芽菜的地方。年輕人驚奇地發現，這兩家的生產設備、選料、營養配方竟然一模一樣。

爲什麼他們生產出的豆芽菜會有天壤之別呢？他百思不得其解。教授呵呵地笑了，說：「難道你沒有注意到，第二家在豆芽菜生長器上另外壓了一塊石頭嗎？」

小紅帽生存鐵則

成功者不一定具有超常的智能，也大都沒有特殊的機遇和優越的條件，更不是沒有經歷過挫折、艱難與失敗的人。相反的，成功者大都是歷經坎坷、命運多磨，是能在不幸的境遇中奮起前行的人。成功者最可貴的信念和本事，是變壓力為動力，從荊棘中開闢新的成功之路。

生長在淺水區的海菜很便宜

生活中偉大的規則之一是：你付出的越多，你得到的回報越多。

他是一位潛水員的兒子。讀初中三年級的時候，面對日益增多的課業量和中考壓力，他逐漸產生了厭學情緒。他開始頻繁逃學，溜到網咖去上網，學習成績一落千丈。

這天下午，學校開家長會。會議結束後，別的學生家長都回去了，只有他的父親被班主任單獨留了下來。得知這個消息後，他的心中忐忑不安，預感到一場暴風雨即將到來。

傍晚的時候，父親回來了。可是，出乎他意料之外的是，父親並沒有說什麼，而是拿來兩副潛水鏡對他說：「走，我們一起潛水去。」

父子二人來到大海邊，一起走入蔚藍色的大海。在一米深的淺水區，父親突然指著一種深綠色的海菜問道：「你知道這種海菜在市場上賣多少錢一斤嗎？」他搖了搖頭。父親說：「人們只要花五毛錢，就可以買到滿滿一籃子。」

他們繼續往前游。在兩米深的地方，父親要他戴上潛水鏡潛入水中，看看能找到什麼。爲了不讓父親生氣，他順從地潛入水中。等他再次浮出水面時，手中多了幾顆牡蠣。父親問他：這些牡蠣在市場上賣多少錢一斤？他又搖了搖頭。父親告訴他：牡蠣的價格是一塊錢一斤。

父子兩個接著往前游。在深水處，父親猛然潛入水底。過了好一會，父親帶著一枚海螺回到水面上。父親告訴他，這種海螺在市場上可以賣到十塊錢一斤。

他們又往前游了一段。父親再次潛入水底，這次，父親帶上來一隻海參，並且說：「你別看海參長得難看，牠在市場上卻能夠賣到幾十塊，甚至是上百塊錢一斤呢。」

聽完父親的話後，他若有所思地點了點頭。

父親又說：「你知道爲什麼生長在淺水區的海菜那麼便宜，而生長在深水區的海參那麼昂貴嗎？這是因爲淺水區的海菜數量眾多，而且人們採摘也不需要花費多大的力氣。深水區的海參則不同，牠們不僅數量少，捕撈也需要花費很大的工夫，有時甚至要冒著生命危險。孩子，你要記住，在這個世界上，沒有天上掉下來的禮物。如果你現在不好好用功學習，將來對社會的貢獻就會十分有限，自己的人生價值也難以得到表現。」

小紅帽生存鐵則

已過世的台塑集團老闆王永慶說：「年輕人何必怕吃苦？任何成就莫不由辛苦奮鬥而來。苦吃慣了，便不以為苦，反能安之若素。能夠成就事業的人，並不見得特別聰穎、能幹，只是比別人多了一分決心，即知即行。成功的祕訣無他，就是吃必要的苦，耐必要的勞！」

「吃得苦中苦，方為人上人。」遇到困難和阻力的時候，願不願繼續堅持，能不能有所突破，是區分成功者與失敗者的分水嶺。

有史以來最難能可貴的馬

人生之光榮並不在於百戰百勝，而在於百折不撓。

日本高知縣競馬場有一匹並不算高大的棕色母馬，牠的名字叫春麗。

一九九六年二月二十七日，春麗出生。沒多久，春麗就開始了嚴格的訓練。一九九八年十一月十七日，春麗在高知縣競馬場完成了處女賽。「那天比賽共有八匹馬，結果，牠跑了最後一名。」馴馬師宗石大還以爲是牠第一次不太適應。誰知，這只是一百次連敗的開始。

第二場比賽，倒數第二；第三場，最後一名；第四場，倒數第一……

慢慢地，宗石大發現了原因，春麗有點發育遲緩。這時，春麗這個「連敗姑娘」已經遠近聞名了。到後來，居然買春麗輸的人比買春麗贏的人還多。

連年虧損的高知縣競馬場似乎找到了賣點，他們公開尋求騎師，以求吸引人們的關注。雖然春麗仍難改頹勢。然而，牠的故事卻越傳越遠。

二〇〇三年十二月十九日，春麗第一百次站在起跑線上。NHK電視台爲此專門派出了一個拍攝組。那一天，春麗又一次獲得倒數第二。當天晚上，NHK向全國播出一則新聞，標題就叫「在高知賽馬場完成一百連敗」。

幾乎一夜間，春麗在日本成了「名馬」。

在日本的賽馬界，有這樣一條「規定」：沒有獲得過勝利的賽馬，在其退役後，將送去屠宰。

高知縣競馬場本來只是想藉春麗來提高自己的知名度，進而增加自己「馬彩」的收入。沒想到，春麗竟然引起了許多日本人的同情，人們開設專門的網站，要求馬場免於春麗一死。京都的澤田在網上寫道：我們應該從春麗身上，看到一種百折不撓的精神。

高知縣競馬場沒有想到，春麗竟然引起了如此大的轟動效應。

他們於二〇〇四年一月一日被迫宣佈：不管春麗退役前是否能奪得冠軍，牠都將免受屠宰，而被送到北海道的老家「頤養天年」。

消息一出，許多人歡呼雀躍。

儘管高知縣競馬場表示將承擔春麗的一切養老費用，但網路上發起的「春麗養老金基金會」，很快便爲春麗籌措了足夠的「養老金」。

紀實電影《春麗》已經開拍，《春麗之歌》也錄製完成。「春麗迷」們一直希望春麗能夠在退役前贏得一次勝利，畫上一個完美的句號，名正言順地到北海道「養老」。

三月二十二日，是春麗的告別戰，也是她最後的機會。爲了讓春麗與「春麗迷」們沒有遺憾，高知縣競馬場從中央競馬場請來了全日本最好的騎師。春麗的支持者們從四面八方趕來，爲春麗的最後一戰加油。很多人表示，無論今天最後的成績如何，春麗都將是日本有史以來「最難能可貴的馬」。

比賽期間，《春麗之歌》作爲背景音樂，連續播放。這樣，大家可以跟著音樂節拍，一起來爲春麗加油。一大批新聞記者也趕到高知縣，報導著「春麗的最後腳步」。

遺憾的是春麗仍然沒有擺脫失敗的命運，十一匹賽馬當中，她名列第十。但這已經不重要了，重要的是，春麗已經成爲一種百折不撓的象徵。

小紅帽生存鐵則

魯迅先生說過：「優勝者，固然可敬，但那雖然落後仍然堅持跑到終點的競技者，見了這種競技者而肅然不笑的看客，乃是中國將來的脊樑。」

雖然屢遭挫折，卻有一顆堅強的百折不撓的心，不斷去努力、去嘗試的人，不管結果如何，都是值得讚歎的。

一個最好的醫生

西方有一句諺語：「跌跤之後，不要空手爬起來。」能保有這種態度，才是最重要的。

拉塞爾·納爾遜是十七～十八世紀英國最好的心臟外科手術醫生，也是當時世界上這一領域最好的醫生。

一八〇〇年，一位英國婦女把她的孩子交給了納爾遜醫生，希望能把她的孩子治好。經過十幾個小時的心臟手術之後，納爾遜醫生盡了最大努力，但最終沒能挽救這個小孩的生命。

幾年之後，這位婦女的第二個孩子的心臟得了同樣的病，婦女又把第二個孩子送到了納爾遜醫生的手裡，希望醫生能救救孩子。

納爾遜醫生對這位婦女說：「幾年前，我沒能挽救妳的孩子生命，您還敢把妳的第二個孩子托付給我？」

婦女說：「我相信這個世界也只有您才能幫助我救回自己的孩子！」

納爾遜醫生為了保證這次手術成功，於是在動手術之前，他花了一個星期的時間，去研究幾年前的那場手術的過程，並查閱大量資料，因為在他心裡總在想，不能讓這個婦女的第二個孩子死在自己的手術台上。

經過二十多個小時，第二次手術結束後的第二天，孩子終因心臟衰竭而停止了跳動。

手術再一次失敗，婦女留下了傷心的眼淚，只能感歎命運的不幸。

而納爾遜醫生經過兩次手術失敗後，這讓他想放棄他的職業，因為他無法承受看到那位母親兩次失去孩子的傷心所帶給他的痛苦。

他的妻子知道後，對他說：「你是最好的醫生。如果你放棄了，其他的醫生又要從頭開始研究，不知道又會有多少孩子將死在手術台上。如果你再多努力一些，多知道一些，也許你就會成功了。」

終於納爾遜醫生開始潛心研究並進行了大量臨床實驗，並最終攻克了這一難關，他把他的臨床經驗告訴了很多醫生，最終挽救了許多人的生命。

小紅帽生存鐵則

一位哲人說：「生命中最重要的一件事，就是不要把你的收入拿來算做資本，任何傻子都會這樣做。但真正重要的事是要從你的損失裡獲利，這就需要有才智才行，而這一點也正是一個聰明人和一個傻子之間的區別。」

當遇到障礙的時候，不要輕易灰心和放棄。也許，你再多努力一些，多嘗試一次，就會獲得突破。

最好的總會到來

越是在遇到困難的時候，越是要有雄心壯志，要看到光明前途。

每當羅納德．皮爾失意時，他母親就這樣說：「最好的總會到來，如果你堅持下去，總有一天你會得到好運。並且你會認識到，要是沒有從前的失望，那是不會發生的。」

皮爾後來發現母親是對的，當皮爾大學畢業後就發現了這點。他當時決定試著在電台找份工作，然後，再設法去做一名體育播音員。

皮爾搭便車去了芝加哥，敲開了每一家電台的門，但每次都碰了一鼻子灰。在一個播音室裡，一位很和氣的女士告訴他，大電台是不會冒險僱用一名毫無經驗的新手。「再去試試，找家小電台，那裡可能會有機會。」她說。

皮爾又搭便車回到了伊利諾伊州的迪克遜。雖然迪克遜沒有電台，但皮爾聽父親說，蒙哥馬利．沃德公司開了一家商店，需要一名當地的運動員去經營他的體育專櫃。由於皮爾在迪克遜中學打過橄欖球，於是他提出了申請。皮爾覺得那工作聽起來正適合自己，但他沒能如願。

皮爾失望的心情一看便知。

「最好的總會到來。」他母親提醒他說。

父親借車給他，於是皮爾駕車行駛了七十英里來到了特萊城。他試了試愛荷華州達文波特的WOC電台。節目部主任是位很不錯的蘇格蘭人，名叫彼特．麥克阿瑟，他告訴皮爾說他們已經僱用了一名播音員。當皮爾離開他的辦公室時，受挫的鬱悶心情一下子爆發了。皮爾大聲地問道：「要是不能在電台工作，又怎麼能當上一名體育播音員呢？」

皮爾正在那裡等電梯，突然聽到了麥克阿瑟的叫聲：「你剛才說體育什麼來著？你懂橄欖球嗎？」

接著他讓皮爾站在一架麥克風前，叫他憑想像播一場比賽。前一年秋天，皮爾所在的那個隊在最後二十秒時以一個六十五碼的猛衝擊敗了對方。在那場比賽中，皮爾打了十五分鐘。

試播之後，皮爾馬上被告知，他將選播星期六的一場比賽。

在回家的路上，就像自那以後的許多次一樣，皮爾想到了母親的話：「如果你堅持下去，總有一天你會得到好運。並且你會知道，要是沒有從前的失望，那是不會發生的。」

小紅帽生存鐵則

巴爾扎克說：「苦難對於一個天才是一塊墊腳石，對於能幹的人是一筆財富，而對於庸人卻是一個萬丈深淵。」有的人在厄運和不幸面前，不屈服，不後退，不頑強地跟命運抗爭，因而在重重困難中衝開一條通往勝利的路，成了征服困難的英雄，掌握自己命運的主人。

面臨同樣逆境的三樣東西

班傑明・富蘭克林說：「你有權決定自己對逆境的態度和自己的前途。」

一個女兒對父親抱怨她的生活，抱怨事事都那麼艱難。她不知該如何應付生活，想要自暴自棄了。她已厭倦抗爭和奮鬥，好像一個問題剛解決，新的問題就又出現了。她的父親是位廚師，他把她帶進廚房。

他先往三個鍋裡倒入一些水，然後把它們放在旺火上燒。不久鍋裡的水燒開了。他往一個鍋裡放些胡蘿蔔，第二個鍋裡放入雞蛋，最後一個鍋裡放入碾成粉狀的咖啡豆。他將它們浸入開水中煮，一句話也沒說。女兒不耐煩地等待著，納悶父親在做什麼。大約二十分鐘後，他把火關了，把胡蘿蔔撈出來放入一個碗內，把雞蛋撈出來放入另一個碗內，然後又把咖啡舀到一個杯子裡。做完這些後，他才轉過身問女兒：「親愛的，妳看見什麼了？」「胡蘿蔔、雞蛋、咖啡，」她回答。

他讓她靠近些，並讓她用手摸摸胡蘿蔔。她摸了摸，注意到它們變軟了。父親又讓女兒拿一顆雞蛋並打破它，將殼剝掉後，她看到了是只煮熟的雞蛋。最後，父親讓她啜飲咖啡。品嚐到香濃的咖啡，女兒笑了。她怯聲問道：「父親，這意味著什麼？」父親解釋說，這三樣東西面臨同樣的逆境，就是煮沸的開水，但其反應卻各不相同。

胡蘿蔔入鍋之前是強壯的，結實的，毫不示弱，但進入開水後，它變軟了，變弱了。雞蛋原來是易碎的，它薄薄的外殼保護著它呈液體的內臟。但是經開水一煮，它的內臟變硬了。而粉狀咖啡豆則很獨特，倒入沸水後，它們倒是改變了水。

小紅帽生存鐵則

你雖然改變不了環境，但可以改變自己；你也許改變不了事實，但你可以改變態度；你改變不了過去，但你可以改變現在；你不能控制他們，但你可以掌握自己；你不能預知明天，但你可以把握今天。

在艱難和逆境面前，只有調整好了心態，才能爭取主動。

用四個手指頭彈琴的女孩

美國動畫大師和著名企業家華德・迪士尼說：「如果你不戰勝命運，就要被命運所戰勝。」

一九八五年，李喜芽在韓國誕生了。然而媽媽發現，這是一個嚴重殘疾的女孩子。喜芽剛生下來時不足兩千克，沒有小腿，兩手蜷縮在一起張不開，除大拇指能看出形狀，另外四個手指則並成一個指頭，整個手掌也比正常孩子小一半。

媽媽把這個既不會哭也不會笑的孩子抱在懷裡時，感覺就像抱著一隻睡熟的小貓。原來她身體的所有肌肉都無法發揮功能，整個身子柔軟得像一團棉花。從那以後，大大小小肉體上的痛苦就一直沒有離開過喜芽。長到一歲半的喜芽依然不會說話，只能含糊不清地叫媽媽；兩歲以後，勉強能坐起來；直到五歲，才會用膝蓋蹣跚走路，但她的手依然沒有一點力氣，生活起居完全不能自理。

喜芽的媽媽努力使喜芽做到不逃避現實而勇敢地面對，教育她給人以明亮的笑臉，要使自己成爲強者。

喜芽剛開始彈鋼琴，其實不是媽媽想讓她成爲鋼琴家，而是因爲她的手指沒有力氣握筆。媽媽想，如果敲敲鋼琴鍵盤，也許能增加手指的力量。

開始彈鋼琴的時候，喜芽軟綿綿的手指敲在琴鍵上根本發不出聲音。由於沒有指甲，練習時間一長，指尖就被磨破了，喜芽也恨過媽媽對她這樣狠心。媽媽也曾經想過放棄，但最終還是堅持了下來。年僅六歲的殘疾孩子，每天彈十個小時的鋼琴，六個月後才終於彈出了聲音。

在熬過了那段非常艱苦的訓練之後，媽媽發現喜芽在這方面有特別的才能，於是爲她四處奔波聘請鋼琴教師。可是當教師看到喜芽的手時，都連連搖頭歎氣。難道世間就沒有她能做的事了嗎?直到最後，終於有個趙姓的老師被喜芽媽媽執著的懇求感動了，答應收下喜芽。

別人用十個手指頭彈的鋼琴，喜芽要用四個手指頭彈，她的動作要比別人快幾倍才行。爲了這個，她必須要比別人練更多的時間。喜芽的刻苦感動了老師，老師廢寢忘食地教她，她膝蓋以下沒有腿，無法踩鋼琴踏板，媽媽就從日本買來了特別製作的踏板。有了踏板，喜芽可以駕馭鋼琴的所有功能了。

一九九二年，喜芽參加了健全學生參加的全國音樂演奏比賽。演奏之前，主辦單位才發現喜芽腿有殘疾，但還是破例允許她參加比賽。後來當她獲得了最高獎「最優秀獎」，在台上用只有四個手指的雙手接過獎盃時，全場觀眾都驚訝了。那年，喜芽只有七歲！

小紅帽生存鐵則

總有許多人不停地抱怨命運的不公，自己付出了辛勞的汗水，得到的卻是失敗和痛苦，原因就在於他們沒有調整好自己的心態。一個人，不管本身的條件如何，只要有了永遠不向命運低頭的勇氣，激發出自身戰勝困難的力量，就能夠克服重重障礙，在社會大舞台上爭得一席之地。

一個偉大的倒楣蛋

美國著名作家H・W・比徹說：「能夠在不幸的處境中發展自己的人，才堪稱聰明和強大。」

他是一個很「倒楣」的作家，出生在一個窮醫生家裡。他小時候沒有受過很好的教育，參軍後被俘身負重傷，左手致殘，但屢立戰功，得到元帥的嘉獎。可是當他拿著元帥的保薦書、做著即將成爲將軍的美夢時，在歸國途中被俘後賣到阿爾及利亞，在那裡做了五年苦工。

當他回到祖國的時候，很不幸，他的國家已經忘記了這位英雄，他連一個普通的工作都找不到，好不容易在無敵艦隊找到一個職位。

有一次，他下鄉催征，因不肯爲鄉紳通融減稅，被鄉紳誣陷入獄。從監獄出來以後，他改作稅吏。一次他把稅款交給一家銀行保管，偏偏銀行倒閉，害他第二次入獄。第二次出獄，他貧困交加，而且家裡妻子、妹妹、女兒全都靠他一個人養著。他住的地方，環境極其惡劣，樓下是酒館，樓上是妓院。

有一天，酒館裡有人鬥毆，一人倒在地上奄奄一息。他出於同情把那人背到家裡，誰知人未救活，他便因涉嫌謀殺再次入獄。在此之後，他妻子死去，他又因爲女兒的事情被法庭傳訊。

這麼一個兩次被俘三次入獄的人，命運從來不肯眷顧他。但惡劣的環境沒有淹沒他，倒楣的境遇沒有打倒他，反而豐富了他。他的智慧是把倒楣當作生命的一個必然結果加以接受，而化爲生命的財富。

憑著他對生活的反思和自己國家鬥牛士的精神，他寫出了名震世界的巨著——《唐·吉珂德》。

這個偉大的倒楣蛋就是西班牙作家塞萬提斯。而作品的主人公彷彿是作者的一個自我嘲諷。他證明了承受倒楣時的痛苦和順風時的歡樂都是人生的收入，他的帳本上沒有支出。

小紅帽生存鐵則

災難就像刀子，握住刀柄就可以為我們服務，拿住刀刃會割傷手。不經歷挫折與失敗的人生無法歷練出生命的絢麗，人只有在痛苦與災難的平靜中才能沉靜下來省思自己，尋求失卻的靈魂。而一些潛能與長處往往會在這個時候突發而出，成就出驚人的輝煌。

把「不」字擦掉

一個相信沒有任何力量可以阻擋自己的人，什麼奇蹟都能夠創造出來。

一九七一年二月二十二日，在芝加哥聖易市七十號洲際公路發生了一起車禍，《華爾街日報》的西部經理麥雅西在車禍中受到重創。他的頭部被撞凹陷近兩厘米，生還的可能性極小。

幸運的是，麥雅西挺了過來，但從胸部以下都癱瘓了，大部分身體失去了知覺，雙手也幾乎不能動彈。人們斷言，他的餘生將在輪椅上度過。

儘管一度很沮喪，但一向樂觀的麥雅西很快又鼓起了生活的勇氣，他決定自己要重新站起來。接下來，他嘗試過無數方法，吃了許多藥物，換過不少治療醫生，但所有的努力全都沒有一點效果，他的信心因此一點點崩潰。

這時，一位叫瑞佛士的心理學教授來爲他治療。

經過前期的準備，他把麥雅西推到一間掛著黑板的空屋，在黑板上用粉筆寫上兩個大字「不能」。然後問麥雅西：「你想重新站起來嗎？」

麥雅西回答：「想！」

「那麼，你認爲你能夠站起來嗎？」

麥雅西猶豫不決，因爲他對此已沒有多少信心了，但他還是遲疑地點點頭。

「那你上前，把『不』字擦掉，留下『能』。」瑞佛士命令道。

麥雅西雙手略動了動，但卻抬不起來。

「如果你認爲你行，你就行！上前來，把『不』字擦掉！」瑞佛士用強硬的語氣再次命令他。

奇蹟出現了，麥雅西全身竟有了反應，他慢慢試著推動輪椅，來到黑板邊，顫抖的拿起粉筆刷，一點一點擦掉了黑板上的「不」字，最後留下一個醒目的「能」！

「看啊，你行的！」瑞佛士激動地說，「你做到了，從此，世上再也沒有什麼力量可以阻止你重新站起來。」

事實果真如此，麥雅西康復的速度快得驚人。一九七一年十月二十九日，麥雅西重新回到了工作崗位。

從當時的醫療條件來說，胸部以下都癱瘓的人是根本不可能重新站起來的，然而，麥雅西卻做到了！

小紅帽生存鐵則

已經發生的事我們無力阻止，我們能做的只有接受它的存在。

雖然，我們無法選擇拒絕，我們卻可以選擇用什麼樣的方法面對和解決它。一個意志頑強、信心不倒、能夠從心靈中爆發出強大能量的人，在任何情況下都可能創造出奇蹟！

兩個兒子的人生軌跡

命運握在自己的手裡，你付出怎樣的努力，就會獲得什麼樣的人生。

五〇年代，住在紐約黑人聚居的哈萊姆區的羅伯特．拉尼，本來已經有六名子女。一九五八年，當羅伯特的第七個兒子誕生後，他高興地將兒子取名叫做「成功者」（Winner），寓意他今後事事順風。

一九六一年，妻子又爲羅伯特生下了第八個兒子。但此時，羅伯特已對幫子女取名字感到厭煩，竟隨口將他取名叫「失敗者」（Loser）！據現年四十六歲的失敗者．拉尼回憶：「當我誕生後不久，我的爸爸回到家中，並要我的大姐幫我取個名字。姐姐想了一會說：『既然我們已經有了個成功者，爲什麼不來個失敗者呢？』我的名字從此而來。」

據悉，父親羅伯特已經在兒子出生後不久去世。然而羅伯特做夢也沒想到的是，兩個兒子的人生軌跡恰好和他們的名字相反。儘管拉尼兄弟兩人在相同的環境中長大，失敗者·拉尼從小處處成功，成功者·拉尼卻處處失敗！

失敗者·拉尼在學校裡因成績優異，成了一名明星學生和體育好手，他順利地拿獎學金，並考上了賓夕法尼亞州著名大學拉費耶特學院。大學畢業後，他又加入了軍隊，成爲一名高級軍官。如今，失敗者·拉尼是紐約南布朗克斯區的一名偵探，事業有成。

然而，成功者·拉尼的人生卻完全是另一條道路。他至少有三十一次被逮捕的紀錄，二〇〇二年，他甚至因盜竊汽車而被判監禁兩年。如今，現年四十九歲的他住在紐約貧民區的一個流浪者收容所中。

如今，兄弟二人幾乎很少見面說話，關係並不親密。通常只有當哥哥成功者·拉尼缺錢花時，才會向弟弟失敗者·拉尼打電話要錢。弟弟失敗者稱：「哥哥的許多罪行都是小罪名。但是他有些古怪，有點暴力傾向。儘管如此，我是一個警察，我有自己的道路要走，我很難忍受有這樣的一個哥哥。」

失敗者·拉尼表示，名字並不能決定命運。他說：「當我年輕的時候，我還沒有意識到這是個糟糕的名字。但到了高中時代，所有人都知道我的名字是失敗，我成了大家的笑柄，我也一度恨透了這個壞名字。也許正是這個原因激發了我的鬥志，我只有處處都要比別人做得更好，才能獲得別人的認可。」

小紅帽生存鐵則

個人心理學先驅艾爾費烈德・艾德勒說：「你愈不把失敗當作一回事，失敗愈不能把你怎麼樣，只要能保持個人心態的平衡，成功的可能性也愈大。」通往成功的路上荊棘密佈，要相信自己有能力透過不懈的努力改寫平凡的人生。

乞丐的志向

機遇隨處皆是，但真正決定人生的，還是心態和思維。

上帝想改變一個乞丐的命運，就化作一個老翁前來點化他。

他問乞丐：「假如我給你一千美元，你如何用它？」

乞丐回答說：「太好了，我可以買一部手機呀！」

上帝不解，問他爲什麼。

「我可以用手機跟城市的各個地區聯繫，哪裡人多，我就可以到哪裡去乞討。」乞丐回答說。

上帝很失望，又問：「假如我給你十萬美元呢？」

乞丐說：「那我可以買一部車。以後我再出來乞討就方便了，再遠的地方也可以很快趕到。」

上帝感到很悲哀，這一次祂說：「假如我給你一千萬美元呢？」

乞丐聽罷，眼裡閃著光亮說：「太好了，我可以把這個城市最繁華的地區全買下來。」

上帝聽了很高興。

這時，乞丐補充了一句：「到那時，我可以把我土地裡的其他乞丐全趕走，不讓他們搶我的飯碗。」

上帝聽完後，黯淡離去。

小紅帽生存鐵則

思維和心態決定命運。想改變自己的命運固然是件好事，但不可只追求表面形式上的改變，應該先要改變自己的內心。只有改變了自己的內心，才能真正地改變自己的命運，否則，即使具備了非常有利的條件，也發揮不了任何作用。

不會說話的最佳女主角

擁有堅強的意志和堅持不懈的精神，你的命運，也就會有著不同的轉向。即使原本暗淡的人生，也會變得輝煌。

一九八七年三月三十日晚上，洛杉磯音樂中心的錢德勒大廳內燈火輝煌，座無虛席，人們期盼已久的第五十九屆奧斯卡金像獎的頒獎儀式正在這裡舉行。

在熱情洋溢、激動人心的氣氛中，儀式一步步接近高潮。期待的時刻終於來到了，主持人宣佈：瑪莉・瑪特琳在《小神的兒女》中有出色的表演，獲得最佳女主角獎。全場立刻爆發出經久不息的雷鳴般的掌聲。瑪莉・瑪特琳在掌聲和歡呼聲中，一陣風似的快步走上領獎臺，從上屆影帝——最佳男主角獎獲得者威廉・赫特手中接過奧斯卡金像。

手裡拿著金像的瑪莉・瑪特琳激動不已。她似乎有很多很多話要說，可是人們沒有聽到她的發言，卻看到她把手舉了起來，不是那種向人們揮手致意的姿勢，而是在向觀眾打手語，內行的人已經明白了她的意思：說心裡話，我沒有準備發言。此時此刻，我要感謝電影藝術科學院，感謝全體劇組同事……

原來，這位奧斯卡金像獎頒獎以來最年輕的最佳女主角獎獲得者，竟是一個不會說話的啞女。

瑪莉・瑪特琳不僅是一個啞巴，還是一個聾子。

瑪莉・瑪特琳出生時是一個正常的孩子。但在她出生十八個月後，被一次高燒奪去了聽力和說話的能力。

這位聾啞女對生活充滿了激情。她從小就喜歡表演。八歲時加入伊利諾州的聾啞兒童劇院，九歲時就在《昂斯魔術師》中扮演桃樂西。但十六歲那年，瑪莉被迫離開了兒童劇院。所幸的是，她還能時常被邀請用手語表演一些聾啞角色。正是這些表演，使瑪莉認識到了自己生活的價值，克服了失望情緒。她利用這些演出機會，不斷鍛煉自己，提高演技。

一九八五年，十九歲的瑪莉參加了舞臺劇《小神的兒女》的演出。她飾演的是一個次要角色。可就是這次演出，使瑪莉走上了銀幕。

女導演蘭達・海恩絲決定將《小神的兒女》拍成電影。可是爲了物色女主角「薩拉」的扮演者，導演大費周折。她用了半年時間先後在美國、英國、加拿大和瑞典尋找，但竟然都沒找到中意的。

於是她又回到了美國，觀看舞臺劇《小神的兒女》的錄影。她發現了瑪莉高超的演技，決定立即啓用瑪莉擔任影片的女主角，飾演薩拉。

瑪莉扮演的薩拉，在全片中沒有一句臺詞，全靠極富特色的眼神、表情和動作，揭示角色矛盾複雜的內心世界，自卑和不屈、喜悅和沮喪、孤獨和多情、消沉和奮鬥。瑪莉十分珍惜這次機會，她勤奮、嚴謹、認真對待每一個鏡頭，用自己的心去拍，因此表演得惟妙惟肖，讓人拍案叫絕。

就這樣，瑪莉・瑪特琳成功了。她成爲美國電影史上第一個聾啞影后。正如她自己所說的那樣：「我的成功，對每個人，不管是正常人，還是殘疾人，都是一種激勵。」

小紅帽生存鐵則

我們常常會不自覺地感歎生活的艱難，命運的多舛，時運的不濟，可是很多人除了感歎就不再去思考如何改變自己的命運，所以每天的哀歎聲中度過，青春在慨歎中消逝，生命在悲歎中結束。這無疑是一種巨大的悲哀。如果你想成功，不管自身條件如何，都不能坐等和指望蒼天，一切都取決於自己。記住：不放棄努力就有機會！

沒有任何理由可以絕望

人生本來就是一種適應不停變化的過程，命運中有很多難以控制的因素影響著我們的發展，我們唯一可以控制的是自己的心態和方向。

傑瑞進入軍中服役，並且奉命參加以色列和阿拉伯之間的戰爭。他在一次戰鬥中受了嚴重的眼傷，眼睛因此而看不見東西。雖然他受了這麼大的傷痛和苦楚，個性仍然十分明朗。他常常與其他病人開玩笑，並把自己配給到的香煙和糖分贈給好朋友。

醫師們都盡心盡力想恢復傑瑞的視力。有一天，主治大夫親自走進傑瑞的房間對他說道：

「先生，你知道，我一向喜歡跟病人實話實說，從不欺騙他們。我現在要告訴你，你的視力是不能恢復了。」

時間似乎停了下來，房間裡呈現可怕的靜默。

「大夫，我知道。」傑瑞終於打破沉寂，平靜地回答道，「其實，我一直都知道會有這個結果，也非常感謝你爲我費了這麼多心力。」

幾分鐘之後，傑瑞對他的朋友說道：「我覺得我沒有任何理由可以絕望。沒錯，我的眼睛瞎了，但，我還可以聽得到，講得好呢！我的身體強壯，不但可以行走，雙手也十分靈敏。何況，就我所知，政府可以協助我學得一技之長，讓我維持生計。我現在所需要的，就是適應一種新生活罷了。」

小紅帽生存鐵則

每個人都有自己的不幸，但就要看你用怎樣的心境去看待。眼睛不能看見東西，但是耳朵可以聽見，手可以觸摸到東西，感覺到東西。所以，你就沒理由和時間再去抱怨其他的事情。如果你忙著計算自己所擁有的幸福，就沒有時間去詛咒自己的不幸了。

別迷戀哥，哥只是個傳說。能「賤」成這樣我也很佩服我自己。

Point. 5

變通、創新

別當一個不會變通的小紅帽

每個招式不見得都有效。

換個方式多方嘗試，
想想加藤鷹也不是只有那一千零一招
來擺平所有女優。

一成不變的處世原則

古人說：「世事洞明皆學問，人情練達即文章。」

一個年輕人去拜訪一位大師，向他請教爲人處世之道，大師爲他講了三個故事。

第一個故事：有兩個強壯的青年，一拙一巧，兩人奉命在同一塊地上各自挖井找水，很快的兩人都挖了兩米深，但絲毫沒有水的跡象。拙者繼續在原地深挖，而巧者則換了個地方做新的嘗試。終於拙者透過不懈的努力找到了汩汩的泉源，而不斷更換地點的巧者一無所獲。

年輕人聽罷，若有所悟地點點頭：「我明白，做人就應該持之以恆，不應該朝三暮四，蜻蜓點水，否則終將一事無成。」

大師只是笑笑。

第二個故事：還是這兩個人，巧者在經過數次的嘗試後，終於在一個地方發現了有水的跡象，於是深挖，最終找到水源。而拙者始終在原地，一如既往，埋頭苦幹，越挖越深，結果雖然付出了許多卻始終沒有找到水源。

「這？」年輕人有些遲疑，「我想，也許人還應該不斷總結經驗，不斷嘗試最適合自己的生存環境，而不應該刻板教條，更不應該執迷不悟。」

大師還只是笑笑。

第三個故事：兩個人雖然都竭盡全力，但無論拙者挖多深，也無論巧者換多少地方，兩個人都沒能找到水源。

「爲什麼？」年輕人疑惑起來，「那做人還有準則嗎？」

「因爲這個地方可能根本就沒有水。」大師從容道，「其實爲人也是如此，生活中沒有一成不變的處世原則，一切都要靠你自己用心去摸索和體會。」

小紅帽生存鐵則

成功者有著非凡的能力去認識他們自己與周圍環境的關係，去認識每天影響著自己生活的人和事。

他們懂得「適應」是精神上和肉體上獲得成功的鑰匙。他們在生活中不是單靠出力氣做事，而是時常開動腦筋，靈活地處理各種複雜的問題，避免發生錯誤和糾正不足。

苗家房舍的啟示

做人是一門學問，更是一門藝術。謙虛謹慎、不卑不亢才是得體的態度。

苗家人房屋的建築最有特點，一個不大的屋子裡面可以有幾十個房簷和門檻。平日裡，苗寨裡的鄉親們就背著沉甸甸的大背簍，從外面穿過這些房簷和門檻走進來。令很多外來人不明白的是，雖然有這麼多的障礙，可是從來沒看見他們當中有人因此撞到房簷，或者是被門檻絆倒的。而對於一個外來人來說，即使是空手走在這樣的屋子裡，也會經常碰到頭跟摔跤的。何況，他們的身後還背著那麼重的背簍呢！

後來，一位外地來的作家請教了一位當地的居民，老人家告訴他，要想在這樣的建築裡行走自如，就必須記住一句話：可以低頭，但不能彎腰。低頭是爲了避開上面的障礙，看清楚腳下的門檻；而不彎腰，則是爲了有足夠的力氣承擔起身上的背簍。

聽完老人家的話，作家陷入了沉思。「可以低頭，但不能彎腰。」我們對生活的態度，不也正應該如此嗎？苗家的房舍不就像我們的生活嗎？一路上充滿了房簷和門檻，一個不大的空間裡到處都是障礙。而我們肩膀上那個大背簍裡裝滿了我們做人的尊嚴。背負著尊嚴走在高低不同、起伏不定的道路上，我們必須時刻提防四周的危險。爲了不敲到頭，不摔跤，我們開始學會了低頭。低頭做人，低頭處世，把自己的鋒芒收斂起來，小心翼翼低頭走路。

小紅帽生存鐵則

做人一定要低頭，遇人遇事先要低三分頭，處處忍讓。為的只是少一些麻煩，少一點傷痛。但是，我們要保持做人的尊嚴，不可以在低頭時超過底線，連腰也彎下來。處世的高手懂得對人如何把握恰當的分寸，既不低聲下氣，也不傲慢自大。

公廬和趙簡子

做人要安分守己。事實往往如此：有非分之想的人，常常連自己分內的東西也要失去。

趙簡子發動所有的兵力攻打齊國，大臣們紛紛勸阻。趙簡子不但不聽，還下了一道軍令：再勸者格殺勿論！

一個叫公廬的人前來晉見，一到趙簡子面前就哈哈大笑。

趙簡子不解，問他是什麼意思。

公廬說：「我在笑我的鄰居！」

「你的鄰居怎麼了，讓你如此大笑？」

「我的鄰居和妻子一起去山上踏青。走著走著，他們覺得累了，於是坐在草地上休息。妻子可能是太累了，就打起了盹兒。」

「這個時候，鄰居看到後面的樹林裡有一個漂亮的姑娘在採蘑菇，就走上前去搭訕。姑娘見他不懷好意，一句話也沒有和他說，掉頭就走。他覺得很掃興，只好往回走。沒有想到，不遠處的妻子也不見了。他怎麼找都找不到，只好回家。誰知道他一進家門，妻子就劈頭一頓大罵，接著收拾東西離家出走，再也沒有回來過。」

公盧停頓了一下，繼續說道：「我笑我的鄰居，姑娘沒有勾搭到，卻把自己的妻子給氣跑，最後變成光棍了。」

趙簡子聽了，想道：「如果自己只顧著攻齊，最後連自己的國家也保不住的話，那我不是也成了光棍了嗎？」於是，他下令收兵回國了。

小紅帽生存鐵則

一個人，不管你有多強的實力，有多大的權力，做人要安分守己。安分守己就是要嚴守做人的分寸，扮演好自己的角色，保持一貫的風範，也就是我們經常強調的人要活在責任和義務裡。如果我們不能安分，就不能恰如其分地盡到做人的責任和義務，而妄起分外之想，就會給自己招致許多不必要的麻煩，又豈能理得心安？

善良得到的意外回報

善良是一種世界通用的語言，它可以使盲人「看到」、使聾子「聽到」。

在第二次世界大戰中的一天，歐洲盟軍最高統帥艾森豪在法國的某地乘車返回總部，參加緊急軍事會議。那一天大雪紛飛，天氣寒冷，汽車一路飛馳。忽然，他看到一對法國老夫婦坐在路邊，凍得發抖。他立即命令身旁的翻譯官下車去詢問。一位參謀急忙提醒他說：「我們必須按時間趕到總部開會，這種事情還是交給當地的警方處理吧。」可是，艾森豪堅持說：「如果等到警方趕來，這對老夫婦可能早就凍死了！」經過詢問，他們才知道這對老夫婦是去巴黎投靠兒子，但是汽車卻在中途拋錨了，因此不知如何是好。

艾森豪完聽後，立即請他們上車，並且特地將老夫婦送到巴黎，然後才趕回總部。

艾森豪根本沒有想過行善圖報，然而他的善良卻得到了意想不到的回報。原來，那天德國納粹的阻擊兵早已預先埋伏在他們的必經之路上，只等他的車一到，就立刻實施暗殺行動。如果不是爲了幫助那對老夫婦而改變了行車路線，他恐怕很難躲過這場劫難。假如艾森豪遭到伏擊身亡，那麼，整個第二次世界大戰的歷史，很可能因此而改寫了。

小紅帽生存鐵則

善良的心，像真金一樣閃光，像甘露一樣純潔、晶瑩。善良的心胸是博大、寬宏的，能包容宇宙萬物，造福於人類蒼生。行善而不求回報的人經常能夠得到意料之外的回饋，這是因果循環的自然規律。善良之人經常造福於他人，實質上也是造福於自己。「幫助別人，就是幫助自己。」這句話絕不只是簡單的因果報應，而是做人的根本。

珍視信譽的摩根先生

小勝憑智，大勝靠德。信譽是不可以用金錢估量的，它是現代人生存和發展的法寶。

一八三五年，摩根先生聽一位朋友說，不用馬上拿出現金，只需在股東名冊上簽上名字，就可以成爲一家小保險公司的股東之一，而且很快就會有收益。這是一家名叫「伊特納火災」的小保險公司，專營火災保險金。摩根先生很快成爲它的股東之一。

天有不測風雲，不久後紐約突然發生了一場特大火災。伊特納火災保險公司的股東們一個個慌了手腳，紛紛表示要退股。珍視自己信譽的摩根先生斟酌再三，決定捨財保信譽。於是，他賣掉了自己苦心經營多年的旅館，低價收購了人家的股份，又透過別的融資管道，很快將十萬的保險金湊齊，返還給了投保人。

一時，伊特納火災保險公司的聲名鵲起。已瀕臨破產的摩根先生，此時懷裡只剩下一個空殼的伊特納火災保險公司了。絕望中的他打出廣告：本公司爲償還保險金已竭盡所能，從現在開始，再入本公司的保險，保險金一律加倍收取。

沒有想到的是，卻有更多的人來到這家註明加倍收取保險金的小保險公司投保。因爲在人們的心目中，伊特納火災保險公司的信用是可靠的。不久後，摩根先生不僅將自己原來的旅館買了回來，還淨賺了十多萬美元。

這位摩根先生不是別人，正是後來主宰美國華爾街金融帝國的J·P·摩根的祖父，也是美國億萬富翁摩根家族的創始人。

小紅帽生存鐵則

金錢損失了還能挽回，一旦失去信譽就很難挽回。今天付出誠意，明天收穫信譽。播種誠信，你收穫的就不僅僅是朋友的信任，還有可以信任的朋友。信譽無價，有信譽的人成功不會是難事。信譽如同一眼永不枯竭的甘泉，信譽如同金子，是無形的力量，是無形的財富。

天使般的微笑

微笑無需成本，卻創造出許多價值。微笑使得到它的人們富裕，卻並不使獻出它的人們變窮。

美國加州有一位六歲的小女孩，在一次偶然的機會中，遇到一個陌生的路人，陌生人一下子給了她四萬美元的現款。

一個小女孩突然得到這麼大金額的饋贈，消息一傳出去，整個加州都爲之瘋狂騷動起來。

記者紛紛找上門來，訪問這個小女孩：「小妹妹，妳在路上遇到的那位陌生人，妳認識他嗎？他是妳的親戚嗎？他爲什麼會給妳那麼多的錢？四萬美元，那是一筆很大的數目啊！那位給妳錢的先生，他是不是腦子有問題……」

小女孩露出甜美的微笑，回答：「不，我不認識他，他也不是我的什麼親戚，我想……他腦子應該也沒有問題！爲什麼給我這麼多錢，我也不知道啊……」儘管記者用盡一切方法追問，仍然無法一探究竟。

最後，小女孩的鄰居和家人試著用小女孩熟知的方法來引導她，要她回想一下，爲何那個路人會給她這麼多錢。

這位小女孩努力地想了又想，約莫過了十分鐘，她若有所悟地告訴父親：「就在那一天，我剛好在外面玩，在路上碰到那個人，當時我對他笑了笑，就只是這樣呀！」

父親接著問道：「那麼，對方有沒有說什麼話呢？」

小女孩想了想，答道：「他好像說了句：『妳天使般的微笑，化解了我多年的苦悶！』爸爸，什麼是苦悶啊？」

原來，那個路人是一個富豪，一個不是很快樂的有錢人。他臉上的表情一直是非常冷酷而嚴肅的，整個小鎮根本沒有人敢對著他笑。他偶然遇到這個小女孩，對著他露出真誠的微笑，使他心中不自覺地溫暖了起來，讓他將塵封了不知多少年的心扉打開了。

於是，富豪決定給予小女孩四萬美元，這是他對那時候他所擁有的那種感覺定出的價格。

小紅帽生存鐵則

奧格·曼狄諾指出：「一個人可以沒有資產，可以沒有後台，只要有信心，有微笑，就有成功的希望！」

你的笑容就是你好意的信差。你的笑容能照亮所有看到它的人。對那些整天都看到皺眉頭、愁容滿面的人來說，你的笑容就像穿過烏雲的太陽；尤其對那些受到上司、客戶、老師、父母或子女的壓力的人，一個笑容能幫助他們瞭解一切都是有希望的，也就是世界是有歡樂的。記住：微笑能改變你的生活。

臨濟勸元安

比爾·蓋茲說：「當你幸運和成功時，最重要的是別得意忘形。」

有一對表兄弟相處得感情很好，表兄叫臨濟，表弟叫元安，兩人年齡只相差一歲，是很要好的朋友。

這對表兄弟兩人的性格很不一樣，臨濟遇事冷靜，不愛虛誇張揚，性格內向、穩重；元安卻好說好動，喜歡表現自己，性格外向、輕率。

有一天，元安到臨濟家做客，臨濟設酒席款待他。表兄弟兩個邊喝邊聊，興致很高。不知不覺，酒至半酣，元安十分得意地對臨濟說：「表兄，告訴你一個好消息，你一定會替小弟高興的。」臨濟關切地問：「表弟有什麼喜事，快說來讓愚兄聽聽。」元安說：「小弟前日已得縣令賞賜，就要被提拔了。」看著元安那副高興的樣子，臨濟並沒有一絲笑意，也沒有一句表示祝賀或恭維的話。元安原本以為會得到表兄的讚賞，可是臨濟的表現卻使他很失望。

看看天色已晚，元安這才想起應該回家了。他起身告辭時，臨濟卻一把拉住他，語重心長地對他說：「小弟，聽我告訴你一件事吧。有一條赤尾鯉魚，樣子十分好看，牠自己也甚是得意。這一天，鯉魚搖著頭，擺著紅色的尾鰭，向著南方游去了。可是牠這一去，連牠自己都不知道會游到哪兒。如果游到寬闊的河裡，那還算幸運；如果是游到了別人家醃魚肉的缸裡，那豈不是死路一條嗎？」

臨濟一番話，元安立刻深感慚愧，自覺不如臨濟。

小紅帽生存鐵則

人在取得越來越多的成就時很容易迷失自我，尤其是來自外界的各種讚譽，都可能會淹沒成功者的自我判斷。很多人曾經輝煌過、風光過，可惜的是，就在他們事業如日中天、生活一帆風順的時候，他們開始糊塗了，於是，不可避免地走入了失敗當中，爬得越高摔得越重。因此，越是鮮花簇擁、掌聲雷動時，越需要在熱鬧中保持冷靜，千萬不能忘乎所以。

一個迂腐、愛虛榮的人

虛榮心很難說是一種惡行，然而一切惡行都圍繞虛榮心而生，都不過是滿足虛榮心的手段。

有個叫劉淵材的人，性情十分迂腐、古怪，又很愛虛榮。他家裡養著兩隻鶴，只要有客人來家中作客，他總是既神祕又故意張揚地對客人誇口說：「我家養了兩隻鶴，這可不是一般的鶴，牠們可是真正的仙鶴呀！人家所有的禽鳥都是卵生的，我養的仙鶴卻是胎生的。」

這一天，劉淵材家又來了幾位客人，他把客人請進屋，一坐下便誇起他那兩隻「胎生」的仙鶴來了。劉淵材話還未說完，一僕人從後園跑來報告說：「先生，咱們家的鶴昨夜生了一個蛋，好大的蛋呀，跟梨子一般大小呢。」

劉淵材的臉立刻羞得通紅，他覺得十分難堪。他斜著眼偷偷瞄了客人一下，對著僕人大聲呵斥道：「奴才胡說，你竟敢誹謗我的仙鶴！仙鶴怎麼會生蛋呢？休要在此胡說八道！」僕人只好沒趣地走開了。幾個客人站起身說：「劉兄，難得您家養著仙鶴，讓我們去看看，開開眼界吧。」

劉淵材只好帶著客人一起到後園去觀看仙鶴。他們來到後園，只見其中一隻「仙鶴」正將後腿張開，身體趴在地上。

客人們想叫仙鶴站起來，便用枴杖去嚇牠。不料，那鶴站起身來時，地上又留下了一枚梨子般大的鶴蛋。

劉淵材的臉色漲得通紅，他支支吾吾地自我解嘲，歎著氣說：「唉！沒想到這仙鶴也會敗壞仙道，和凡鳥一樣了。」

其實，仙鶴只是傳說中的鳥，平常我們養的鶴本來就是普通禽類，是卵生的。而這鶴的主人卻偏要故弄玄虛，結果當眾出醜，搞得十分難堪。

小紅帽生存鐵則

孟德斯鳩說：「有些人的虛榮心，比為了保全生命所必需的份量更多，對於這種人，虛榮心所起的作用何等惡劣！這些人竭力使別人不愉快，想藉此引起別人的欽佩。他們設法要出人頭地，結果反而更不如人。」

一個人如果想耍小聰明，企圖依靠吹噓來譁眾取寵，最終只能成為別人的笑柄。「說老實話，做老實事，當老實人」才是最明智的選擇。

一座金屬鑄成的人像

言多必失，禍從口出。一言興邦，一言喪邦。因此，說話不可不謹慎。

孔子到周去，參觀周朝歷代祖先的廟。他看見右邊台階的前面，有一座金屬鑄成的人像，卻封閉著嘴，背後有一篇銘文，說：「這是古時候說話小心的人，警惕啊！警惕啊！不要多說話。多說話只有多壞事；不要多事，多事多禍患。太舒適的人要警戒，不要做後悔的事情。不要說這有什麼可怕，它的禍患將要增長呢；不要說這有什麼害處，它的禍患可大呢；不要說這有什麼殘忍，它的禍將像火一樣慢慢地燃燒呢；不要說別人聽不到，天妖正在窺伺著；微明的小火不滅，勢盛的大火又奈它何；細小的水只要不堵塞，最後終將變成江河；長長的線不斷絕，最後終將織成網羅；茂盛的木材不砍伐，最後就會長成參天大樹。不謹慎，將是一切的禍源。認爲這沒有什麼妨礙，就是禍患的開端。強橫的人不得好死，好勝的人必定遭遇到對手。強盜劫掠富人，人民厭惡權貴。君子知道天下不能完全遮蓋，所以要退後一點，謙卑一點，讓人家羨慕他；能夠做到退讓一點，謙卑一點，就沒有人與他爭。人家都向那邊去，我獨守住這裡；大家都迷惑，我獨和他們不同；內心藏有智慧，不和人家計較技藝；我地位雖高，沒有人害我。江河能匯集百川，因爲它地位卑下。老天是公平的，祂只知道常常幫助好人。警惕啊！警惕啊！」

孔子回頭對弟子們說：「你們要記住，這話雖然很鄙俗，卻很切合情理。《詩經》上說：『要小心謹慎，好像接近深淵一樣，好像走在薄冰上一樣。』一個人能夠像這樣的立身處世，哪裡還會因爲失言而遭到災禍呢！」

小紅帽生存鐵則

一個人如果言語不慎重，對個人來說，輕則取辱，重則喪生；而對那些從事秘密事件的人來說，洩密則不僅不能辦成事，往往還會給個人或群體造成巨大的傷害。因此，在生活中盡量少說多聽是非常有必要的。

致富的方法

培根說：「狡猾並非人的真正聰明，而只是一些搗鬼取巧的小技術。靠這些小術要得逞於世，最終還是行不通的。」

從前有這樣兩戶人家，一家是齊國人，姓國，十分富有；一家是宋國人，姓向，非常貧窮。姓向的聽說姓國的很有錢，便專程從宋國跑到齊國，向姓國的請教致富的方法。

姓國的告訴他說：「我之所以發家致富，是因爲我很善於『偷』。我只用了一年的工夫就有了吃穿；兩年下來就相當富足；三年過後，我的土地成片、糧食滿倉，我成了方圓百里之內的大戶。從那時起，我便向鄉鄰施捨財物，大家都得到了我的好處。」

姓向的人聽了十分高興。可是他以爲姓國的致富走的是偷盜這條路，他以爲姓國的所說的「偷」，就是到處翻越人家的院牆，鑿開人家的房間，凡是眼睛所看到的、手能拿到的，就可以拿走歸自己所有。於是他回家以後，到處偷竊。沒過多久，他因被人查出了贓物而判罪。姓向的人不但清退了全部贓物，而且被判罰沒收他以前積累的所有家產。

姓向的把自己的失敗歸咎於受了姓國的欺騙，於是就到齊國去，找到姓國的責備他說：「你騙我，我去偷怎麼就犯了法呢？」

姓國的聽了哈哈大笑，說：「你是怎麼去偷的呀？」

姓向的把自己翻牆打洞、偷盜人家財產的經過講給姓國的聽了，姓國的又好氣又好笑地對他說：「你真是太糊塗了！你根本沒弄懂我所說的『善於偷盜』是什麼意思。現在我仔細告訴你吧。人都說天有四季變化，地有豐富的出產，我偷的就是這天時和地利呀。雨水霧露，山林特產和湖澤的養殖可以使我的莊稼長得很好，房舍建得很美。我在陸地上能『偷』到飛禽走獸，在有水的地方能『偷』到魚蝦龜鱉。無論是莊稼和土木，還是禽獸和魚蝦龜鱉，這些東西都是大自然的產物，並不是我原本所有的。我依靠自己的辛勤勞動，向自然界索取財富，當然不會有罪過，也不會有災禍。

可是，那些金銀寶石、珍珠寶貝、糧食布匹，卻是別人積累起來的財富，你用不勞而獲的手段去佔有別人的勞動成果就是犯罪。你因偷盜罪而受到了處罰，那又能怪誰呢？」

姓向的聽了這番話，慚愧得一句話也說不出來。

小紅帽生存鐵則

「君子愛財，取之有道。」這是被我們祖先信奉了千百年的經營信條。但是，在社會經濟快速發展的今天，很多人都祈盼著一夜致富，總是把發財的夢想寄希望於「意外」而非「努力」上，於是，坑蒙拐騙者有之，偷盜搶劫者有之，賭博貪污者有之，行賄受賄者有之。然而，法網恢恢，疏而不漏。走「捷徑」去獲取別人的勞動成果的人，終究是要栽跟頭的。

茶壺和茶杯

謙卑的人會變得高貴，一個人真正偉大之處，就在於他能夠認識到自己的渺小。

一個滿懷失望的年輕人千里迢迢來到法六寺，對住持釋圓和尚說：「我一心一意要學丹青，但至今沒有找到一個能令我滿意的老師。」

釋圓笑笑問：「你走南闖北十幾年，真的沒能找到一個老師嗎？」

年輕人深深歎了口氣說：「許多人都是徒有虛名啊，我見過他們的畫，有的畫技甚至不如我呢！」

釋圓聽了，淡淡一笑說：「老僧雖然不懂丹青，但也頗愛收集一些名家精品。既然施主的畫技不比那些名家遜色，就煩請施主爲老僧留下一幅墨寶吧。」說著便吩咐一個小和尚取來了筆、墨、硯和一沓宣紙。

釋圓說：「老僧的最大嗜好，就是愛品茶，尤其喜愛那些造型流暢古樸的茶具。施主可否爲我畫一個茶杯和一個茶壺？」

年輕人聽了，說：「這太容易了！」於是，調了一硯濃墨，鋪開宣紙，寥寥數筆，就畫出一個傾斜的水壺和一個造型典雅的茶杯。那水壺的壺嘴正徐徐吐出一脈茶水來，注入那茶杯中去。

年輕人問釋圓：「這幅畫您滿意嗎？」

釋圓微微一笑，搖了搖頭。

釋圓說：「你畫得確實不錯，只是把茶壺和茶杯放錯位置了。應該是茶杯在上，茶壺在下呀。」

年輕人聽了，笑道：「大師爲何如此糊塗？」

釋圓聽了，又微微一笑說：「原來你懂得這個道理啊！你渴望自己的杯子裡能注入那些丹青高手的技法，但你總把自己的杯子放得比那些茶壺還要高，別人的技法怎麼能注入你的杯子裡呢？澗谷把自己放低，才能得到一脈流水；人只有把自己放低，才能吸納別人的智慧和經驗。」

年輕人思忖良久，終於恍然大悟。

小紅帽生存鐵則

歌德說：「如果一個人不過高地估計自己，他就會比他自己所估計的要高得多。」

「滿招損，謙受益。」人們對事物的認識和所要掌握的知識、技能是無限的，而一個人無論多麼聰明、多麼有才華，他的知識和本領也是非常有限的。

因此，我們應該持謙虛的態度，積極借鑒別人的經驗，勤奮好學刻苦拚搏。

水是什麼形狀

為人處世要像水一樣，能屈能伸：既要盡力適應環境，也要努力改變環境，實現自我。

有一個人，在社會上總是落魄不得志，便有人向他推薦智者。

他找到智者，智者沉思良久，默然舀起一瓢水，問：「這水是什麼形狀？」這人搖頭：「水哪有什麼形狀？」智者不答，只是把水倒入杯子，這人恍然：「我知道了，水的形狀像杯子。」智者無語，又把杯子中的水倒入旁邊的花瓶，這人悟然：「我又知道了，水的形狀像花瓶。」智者搖頭，輕輕提起花瓶，把水輕輕倒入一個盛滿沙土的盆。清清的水便一下溶入沙土，不見了。

這人陷入了沉默與思索。

智者低身抓起一把沙土，歎道：「看，水就這麼消逝了，這也是一生！」

這個人對智者的話咀嚼良久，高興地說：「我知道了，您是要透過水告訴我，社會處處像一個個規則的容器，人應該像水一樣，盛進什麼容器就是什麼形狀。而且，人還極可能在一個規則的容器中消逝，就像這水一樣，消逝得迅速、突然，而且一切無法改變！」這人說完，眼睛緊盯著智者的眼睛，他現在急於得到智者的肯定。

「是這樣。」智者拈鬚，轉而又說，「又不是這樣！」

說畢，智者出門，這人隨後。

在屋簷下，智者伏下身，手在青石板的台階上摸了一會兒，然後頓住。這人把手指伸向剛才智者手指所觸之地，他感到有一個凹處。他迷惑，他不知道這本來平整的石階上的「小窩」藏著什麼玄機。

智者說：「一到雨天，雨水就會從屋簷落下，看，這個凹處就是水落下的結果。」

此人遂大悟：「我明白了，人可能被裝入規則的容器，但又像這小小的水滴，改變著這堅硬的青石板，直到破壞容器。」

智者說：「對，這個窩會變成個洞！」

小紅帽生存鐵則

做人要像水，動中有靜，靜中有動。一切皆因此而柔韌，滋潤；做人要像水，至柔之中又有至剛、至淨、能容、能大的胸懷與氣度；做人要像水，因不同環境而改變自己的形狀，以適應各種環境。

如果你做人能像水那樣流暢自如地適應任何環境，遇熱則熱，遇冷則冷，遇縫鑽縫，遇海入海，隨遇而安，卻又剛柔相濟，你的人生之路就會暢通無阻，如入無人之境。

賣弄靈巧的猴子

恃才傲物、有了一點點本事就喜歡賣弄的人是愚蠢的，最終只會為己帶來危害和損失，甚至招致失敗的下場。

一群猴子住在江邊的一座山上。這座山飛瀑流泉，樹木繁茂，風景十分秀麗。每年春天過後，滿山遍野都長著野果。說不清是什麼年月，一群猴子來到這山上安家落戶，從此以後，一直過著不愁溫飽、悠然自得的生活。

有一天，吳王帶著隨從乘船在江上遊玩，當他在江兩岸的奇山異峰中發現這風景秀麗的猴山時，感到異常興奮。吳王令隨從在猴山腳下的江邊泊船，帶領他們下船登山。

山上的猴子們往日的平和與寧靜，突然被這麼多上山來的人打破了。猴子們面面相覷，牠們嚇得驚慌失措四處逃走，躲進荊棘深處不敢出來。

有一隻猴子卻與眾不同，牠從容自得地停留在原地，一會兒抓耳撓腮，一會兒手舞足蹈，一點都不在乎地在吳王面前賣弄著牠的靈巧。吳王拉開弓，用箭射牠，這隻猴子並不害怕，吳王射過去的箭都被牠敏捷地抓住了。吳王有些氣惱，便命令隨從們一起去追射這隻猴子。面對這麼多人射過去的箭，猴子難以招架，當下即被亂箭射死。

吳王回頭對他的隨從們說：「這隻猴子，倚仗自己的靈巧，不顧場合地賣弄自己，以至於就這樣丟掉了自己的性命，真是可悲。你們都要引以爲戒，千萬不要恃才傲物，在人前顯示和賣弄自己的一點雕蟲小技。」

小紅帽生存鐵則

古人說：「木秀於林，風必摧之。」為人處世必須要謙虛謹慎，盡量低調些。低調做人、不張揚是一種修養、一種風度、一種智慧、一個追求幸福和成功的現代人必備的品格。沒有這樣的一種品格，過於張狂，就如一把鋒利的寶劍，好用而易折斷，終將在放縱、放蕩中悲劇而亡，無法在社會中生存、立足。

受人喜愛和讚美的醜人

良好的個人魅力是一種神奇的天賦，就連最冷酷無情的人都能受到它的感染。

春秋時期，衛國有個名叫哀駘它的人，他的容貌雖然很醜陋。可不管是男人還是女人，都非常喜歡和他交往，相處親近隨和，捨不得離去。有一些女人甚至說：「與其做別人的妻子，還不如做他的小妾。」

他一無權位二無財產，也沒有什麼高深的理論和顯赫的功績，可是外表粗陋、其貌不揚的這位醜人，卻受到幾乎所有人的喜愛和讚美，這使得魯國的魯哀公驚異不已。於是，就派人把他從衛國請回魯國加以觀察。

相處不到一個月，魯哀公覺得他在平淡中確有不少過人之處，不到一年，就很信任他了。不久，宰相的位置有了空缺，魯哀公便讓他上任管理國事。可他卻淡然表示無心做官，雖在魯哀公再三要求下參議了國事，但不久他還是謝辭了高官厚祿，回到他在衛國的陋室中去了。

對此，魯哀公求教於孔子：「他究竟是怎樣一種人呢？」孔子藉喻道：「我曾經在楚國看見一群小豬在剛死的母豬身上吃奶，一會兒都驚恐地逃開了，因爲小豬發現母豬已不像活著時那樣親切。可見小豬愛母豬不是愛牠的形體，而是愛主宰牠形體的精神，愛牠內在的品性。哀駘它這個人雖然外表不美，但他的品德和才情等內在之美，必定已超越一般人很多，所以您和許多人才會喜歡他。」

小紅帽生存鐵則

一個人能否成功，與他的個人魅力有密切的關係。那些能夠成功地創造財富的人，往往擁有能招財進寶的個性。只有內在的美才可靠長久，值得追求和尊崇。雖然外在的容貌、身材、風采和權位、財產等也很吸引人，但是，內在的氣質、學識、才能和真誠、自信等品性所產生的魅力則更加強烈和持久。

貴重的寶貝

失去美德就會失去一切。能遵循美德行事，縱使沒有增加快樂，也可減輕焦慮感。

有一天，西域來了一個經商的人將珠寶拿到集市上出售。這些珠寶琳琅滿目，全都價值不菲。特別是其中有一顆名叫「珊」的寶珠更是引人注目。它的顏色純正赤紅，就像是朱紅色的櫻桃一般，直徑有一寸，價值高達數十萬錢以上，引來了許多人圍觀，大家都嘖嘖稱奇，讚歎道：「這可真是寶貝啊！」

恰好龍門子這天也來逛集市，見了好多人圍著什麼議論紛紛，便也帶著弟子擠進了人群。龍門子仔細地瞧了瞧寶珠，開口問道：「珊可以拿來填飽肚子嗎？」

商人回答說：「不行。」

龍門子又問：「那它可以治病嗎？」

商人又回答說：「不行。」

龍門子接著問：「那能夠驅除災禍嗎？」

商人還是回答：「不能。」

「那能使人孝悌嗎？」

回答仍是「不能」。

龍門子說道：「真奇怪，這顆珠子什麼用都沒有，價錢卻超過了數十萬，這是爲什麼呢？」

商人告訴他：「這是因爲它產在很遠很遠沒有人煙的地方，要動用大量的人力物力，歷經不少艱險，吃不少苦頭，好不容易才能得到它，它是非常稀罕的寶貝啊！」

龍門子聽了，只是笑了一笑，什麼也沒說便離開了。

龍門子的弟子鄭淵對老師的問話很不解，不禁向他請教。龍門子便教導他說：「古人曾經說過，黃金雖然是重寶，但是人生吞了它就會死，就是它的粉末掉進人的眼睛裡也會致瞎。我已經很久不去追求這些寶貝了，但是我身上也有貴重的寶貝，它的價值絕不只值數十萬，而且水不能淹沒它，火也燒毀不了它，風吹日曬全都絲毫無法損壞它。用它可以使天下安定；不用它則可以使我自身舒適安然。人們對這樣的至寶不知道朝夕去追求，卻把尋求珠寶當作唯一要緊的事，這豈不是捨近求遠嗎？看來人心已死了很久了！」

龍門子所說的「至寶」，指的就是人們本身的美德。

小紅帽生存鐵則

一個人要立足社會，首先要注意自己的道德修養，追求高尚的道德品質、完美的精神生活，不可盲目熱衷於外在的財富。

想要在生活中愉快地與別人相處，成為一個到處受歡迎的人，成為一個有魅力的人，進而成為一個真正的成功者，必須注重自己的品德修養，嚴格約束自己的行為，努力做一個正直、高尚、誠實守信的人。

Point. 6

滿肚子虛偽的大野狼，還想扮阿嬤吃小紅帽

謊言就像神功一樣。

拿捏的好，可以濟弱扶貧；

拿捏不好，就像犀利人妻一樣「回不去了」。

信用最重要

要想成為一個真正的成功者，就必須擺脫「投機」的心理，更必需注重自己的品格。

從前，魯國有個寶貝，叫做岑鼎。這只岑鼎形體巨大，氣勢宏偉雄壯，鼎身上還由工巧匠鑄上了精緻美麗的花紋，讓人看了有種震懾心魄的感覺，不由得讚歎不已。魯國的國君非常看重和珍愛岑鼎，把它看作鎮國之寶。

魯國的鄰國齊國幅員廣闊、人口眾多，國力很強盛。爲了爭奪霸權，齊國向魯國發起了聲勢浩大的進攻。魯國較弱，勉強抵擋了一陣子就全線潰敗了。魯國國君只得派出使者，去向齊國求和，齊國答應了，但是有個條件，就是要求魯國必須獻上岑鼎以表誠意。

魯國的國君很著急，不獻出岑鼎的話，齊國不願講和；獻出岑鼎的話，又實在捨不得這個寶貝，如何是好呢？正在左右爲難之際，魯國有個大臣出了個主意：「大王，齊人從未見過岑鼎，我們何不另獻一只鼎去，諒他們也不會看得出來。這樣既能簽訂和約，又能保住寶貝，難道不是個兩全之策？」「妙啊！」魯國國君拍手稱是，大喜道，「就照你說的這麼辦！」

於是，魯國悄悄地換了一只鼎，假說是岑鼎，獻給了齊國的國君。

齊國國君得了鼎，左看右看，總覺得這只鼎雖也稱得上是巧奪天工，但似乎還是不如傳說中那樣好，再加上魯國答應得這樣爽快，自己又沒親眼見過岑鼎，這只鼎會不會是假的呢？但是要用什麼方法才能驗證它的真僞？要是弄得不好，到手的是一只假鼎，不僅自己受了愚弄，齊國的國威也會大大受損。

他思前想後沒有法子，只得召集大臣一塊商量。

一位聰明又熟悉魯國的大臣出了點子說：「臣聽說魯國有個叫柳季的人，非常誠實，是魯國最講信用的人，畢生沒有說過半句謊話。我們讓魯國把柳季找來，如果他也說這只鼎是真的，那我們就可以放心地接受鼎了。」齊王同意了這個建議，派人把這個意思傳達給了魯國國君。

魯國國君沒有別的路可走，只得把柳季請來，對他說明了情況，然後央求他說：「就請先生破一回例，說一次假話，以保全寶物。」柳季沉思了半晌，嚴肅地回答道：「您把岑鼎當作最重要的東西，而我則把信用看得最爲重要，它是我立身處世的根本，是我用一輩子的努力保持的東西。現在大王想要微臣破壞自己做人的根本來換取您的寶物，恕臣不可能辦到。」

魯國國君聽了這一番義正詞嚴的話，知道再說下去也沒有用了，就將真的岑鼎獻給了齊國，簽訂了停戰和約。

小紅帽生存鐵則

思想品德是人的內在品質，最能展現人的基本素質和做人的水準。一直以來，世人評價一個人的時候，就非常看重他的為人修養和道德品行。為人一定要正直，注重品德。無論在什麼情況下，我們都不能放棄做人的根本。誠實守信是無價的，為了任何寶貝欺騙別人，最終都將得不償失。

馬車伕和他的妻子

驕傲，是一位殷勤的「嚮導」，專門把無知與淺薄的人帶進滿足與狂妄的大門。

齊國的相國晏子有一次外出時，乘坐的馬車正好經過馬車伕的家門。

馬車伕的妻子得到了這一消息後，便在家中打開一條門縫，向外觀望。她本來只是爲了目睹一下當朝相國的風采，卻也同時看到了自己的丈夫在替相國駕車路過家門時，竟是那樣神氣活現地坐在車前的大傘蓋下，洋洋得意地揮舞手中的鞭子，目無行人，昂然前進，好像替相國駕車，自己也成了相國似的。

晚上，馬車伕回到家中，白天那種自我陶醉的情緒還沒有消失，妻子就鬧著要「休夫」。

這真是一個晴天霹靂的消息，一下子將馬車伕打入了雲裡霧中，半天摸不著頭緒。他百思不得其解地追問妻子鬧「休夫」的緣由，妻子餘怒未消地說：「晏子是齊國的當朝相國，學問名望在各國諸侯大臣中間有口皆碑，如雷貫耳。可是，今天我看他坐在車上，儀表端莊，態度謙和，思想深沉，令人起敬。而你只不過是爲他駕車的一個馬車伕而已，卻在車上趾高氣揚，不可一世，自以爲多麼了不起，在趕車時竟不把路人百姓放在眼中。像你這樣胸無大志的人，將來怎麼會有出息？所以，我要休夫！」

妻子的一番數落，使馬車伕發現了自己的淺薄和無知，頓時感到羞愧萬分，無地自容。他從此以後，徹底改變了自己的生活態度，不僅勤奮好學，而且謙虛謹慎，終於用實際行動贏得了妻子的諒解。

馬車伕的轉變引起了晏子的注意，他好奇地探詢其中的原因。馬車伕坦誠地將妻子的批評和自己的決心和盤托出，令晏子十分感動。他不僅欣賞馬車伕的妻子志存高遠、超凡脫俗的境界，而且讚佩馬車伕知錯即改、從善如流的精神。後來，晏子在齊國國君的面前，推薦這位馬車伕做了大夫。

小紅帽生存鐵則

「虛心使人進步，驕傲使人落後！」只有淺薄無知的人，才會沾了點別人的光、得了一點勢就盲目驕傲。而善於聽從別人的忠告，勇於正視自身的缺點並能認真加以改正的人，才能夠有所成就，有所作為。

配合默契的人

一個人不能脫離社會、脫離團體。只有積極投身社會，愉快、和諧地與人相處，才能獲得進步和成功所需的各種資源，充分享受人生的樂趣。

戰國時，有一個叫惠施的人，他是當時一位有名的哲學家。惠施和莊子是好朋友，不過在哲學上他們又是一對觀點不同的對手。

莊子與惠施經常在一起討論切磋學問，他們在互相爭論研討中不斷深化、提高各自的學識。特別是莊子，從惠施那裡受到很多啓發。

後來，惠施死了，莊子再也找不到像他那樣才智過人、博古通今，能與自己交心、辯論、使自己受益匪淺的朋友了。因此，莊子感到十分痛惜。

有一天，莊子爲一個朋友送葬，路過惠施的墓地，傷感之情油然而生。爲了緬懷這位曲高和寡、不同凡響的朋友，他回過頭講了一個故事給同行的人聽。

在楚國的都城郢地，有這樣一個泥水匠。

有一次，他在自己的鼻尖上塗抹了一層像蒼蠅翅膀一樣又薄又小的白灰，然後請自己的朋友、一位姓石的木匠用斧子將鼻尖上的白灰砍下來。石木匠點頭答應了，見他毫不猶豫地飛快拿起斧頭，一陣風似的向前揮去，一眨眼工夫就削掉了泥水匠鼻尖上的白灰。

看起來，石木匠揮斧好像十分隨意，但他卻絲毫沒有傷著泥水匠的鼻子；泥水匠呢，接受揮來的斧子也算是不要命的，可他卻穩穩當當地站在那裡，面不改色、泰然自若，倒是旁邊的人都爲他們捏了一把冷汗。

後來，這件事被宋元君知道了。宋元君十分佩服這位木匠的高超技藝，便派人把他找了去。宋元君對姓石的木匠說：「你能不能再做一次給我看看？」

木匠搖搖頭說：「小人的確曾經爲朋友用斧頭砍削過鼻尖上的白灰，但是現在不行了，因爲我的這位好朋友現在已不在人世，我再也找不到像他那樣跟我配合默契的人了。」

莊子講完了故事，十分傷感地看著惠施的墳墓，長歎了一口氣，然後自言自語地說：「自從惠施先生去世以後，我也失去了與我配合的人，直到現在，我再也找不到能夠找到一位與我進行辯論的人了！」

小紅帽生存鐵則

紅花雖好，還要靠綠葉扶持。高深的學問和精湛技藝的產生，除了依靠自己努力學習、刻苦訓練之外，還依賴於一定的外界環境。

一個人如果不注意從周圍的人和事中吸取經驗，和其他人密切合作，那他的智慧和技巧是難以得到發揮和施展的。

寵辱不驚的名臣

我們能夠虛懷若谷，寵辱不驚，置榮辱、禍福於度外，視之名利為身外之物，那麼生活就會非常瀟灑自在。

清朝名臣謝濟世，他一生曾有四次被誣告，三次入獄，兩次被罷官，一次充軍，一次刑場陪斬，經歷不可謂不坎坷。

雍正四年，謝任浙江道監察御史。上任不到十天，上疏彈劾河南巡撫田文鏡營私負國，貪虐不法，列舉田文鏡十大罪狀。因田文鏡深獲雍正倚重、寵信，謝濟世的彈劾引起雍正不快，謝濟世不看皇帝臉色行事，仍然堅持彈劾。

雍正認定謝濟世是「聽人指使，顛倒是非，擾亂國政，爲國法所不容」，免去謝濟世官職，下令大學士、九卿、科道會審。嚴刑拷打之下，雖然沒有拿到證據，但仍然以「要結朋黨」的罪名，擬定斬首，最後改爲削官流放阿爾泰。

經過漫長艱難的跋涉，謝濟世與一同流放的姚三辰、陳學海終於到達陀羅海振武營，他們商量著準備去拜見將軍。

有人告訴他們：「戍卒見將軍，須一跪三叩首。」

姚三辰、陳學海聽後覺得很淒然，爲自己一個讀書人要向人行下跪磕頭的大禮而難過。唯獨謝濟世倒像是沒事似的，心情輕鬆，不以爲意。

他對自己的兩個同伴說：「這是戍卒見將軍，又不是我見將軍。」等見到將軍，將軍對這幾個讀書人很敬重，免去了大禮，還尊稱他們爲先生，又是賜座，又是賞茶。出來的時候，姚三辰、陳學海很高興，臉上露出得意神色，謝濟世倒是一臉平靜。

他說：「這是將軍對待被罷免的官員，不是將軍對待我，沒什麼好高興的。」

兩個同伴問他：「那麼，你是誰呀？」

謝濟世回答說：「我自有我在。」

這樣一番回答，言語之中有對自己的信仰和尊重，到達了完全超脫的地步，修煉出一個完整的自我，超然物外，寵辱加身，心無所動，不爲形役，外界的寵與辱都不能觸及和傷害他那高傲的靈魂，這是何等的胸襟，何等的灑脫？

小紅帽生存鐵則

人可以有權有勢，風風光光地活，也可以不在乎世俗評判，只把握自己的生活。快活不快活，很多時候只在自己心裡怎麼想。

一個人如果能夠不因外界的變故而影響對自我的肯定，對靈魂的把持和堅守，寵辱不驚，淡泊名利得失，心態平和，凜然不可侵犯地穿過時代風潮的駭浪驚濤，瀟灑走一遭，這便是做人的成功。

走到沙漠深處的僧人

送人玫瑰花，手裡有餘香。善待別人就是善待自己。

在茫茫沙漠的兩邊，有兩個村莊，從一個村莊到達另一個，如果繞著沙漠走，至少需要二十幾天；如果橫穿沙漠，三天就能抵達，但橫越沙漠太危險，許多人曾試圖橫越，卻無一生還。

有一天，一位智者經過這裡，他要村裡人找來幾千株胡楊樹苗，每半里栽一棵，從這個村莊一直栽到了沙漠另一端的村莊。智者告訴大家：「如果這些胡楊有幸栽活了，你們可以沿著這些胡楊樹來來往往；如果沒有栽活，那麼每一次行路人經過，都該將枯樹苗拔一拔，以免被流沙給淹沒了。」結果，這些胡楊樹苗栽到沙漠後，全都被烈日烤死，成了路標。大家記著智者的忠告，沿著路標，這條路平平安安地走了幾十年。

這年夏天，村裡來了一個僧人，要到對面的村莊去化緣，大家便把智者的忠告告訴他。僧人帶了一皮袋的水和一些乾糧上了路，他走得兩腿痠痛，渾身乏力，但眼前依舊是茫茫黃沙。路上他遇到一些就要被流沙徹底淹沒的路標，這個僧人想：「反正我就走這一次，淹沒就淹沒吧。」他沒有伸出手去將這些路標向上拔一拔，遇到一些被風暴捲得搖搖欲倒的路標，這個僧人也沒有伸出手去將這些路標向下插一插。

就在僧人走到沙漠的深處時，驀然間飛沙走石，許多路標不見了蹤影，它們有的被淹沒在厚厚的流沙裡，有的被風暴捲走了。僧人像無頭蒼蠅似的東奔西走，可再也走不出這大沙漠了，在氣息奄奄的那一刻，僧人十分懊悔，如果如果自己能按照大家吩咐的那樣做，那麼即便沒有了進路，還可以擁有一條平平安安的退路啊！

小紅帽生存鐵則

俗話說：「與人方便，自己方便。」這個道理我們都懂得，然而，往往生活中的很多人都只是希望可以從別人身上得到好處而不想付出。如果我們只顧個人方便，不管是不是可能影響到別人，最終受害的只能是我們自己。

最好是拉長耳朵仔細聽

承認自己的無知，只表現一次無知；企圖掩飾自己的無知，就得表現幾次無知。

雅曼·埃維特意識到自己喜歡說「知道」這個錯誤，是在一個著名烹調師的妻子舉行的一次晚宴上。

那天，他在和女主人以及另一位男賓交談時，發現她的神情不那麼自然。忽然，她指著桌子上一個黑色金屬用具，看上去像一種電動烤肉鐵架，說道：「這種特別的工具是用來做『熱吃乾酪』的，你們知道『熱吃乾酪』是什麼嗎？」埃維特剛想說知道，有位男賓叫了起來：「是嗎，完全不知道。什麼是『熱吃乾酪』？是牛排的一種新吃法嗎？」聽到這些話，女主人露出了微笑。她向他們做了詳細介紹，而且漸漸地變得喜笑顏開了。

這樣，埃維特才恍然大悟，原來「熱吃乾酪」並不像他原來想的是一種什麼奶酪三明治，而是乾酪火鍋的一種吃法。這一課使他受益匪淺，他不僅弄清了一件原以爲知道的事情的本來面目，而且更重要的是，他看到了自己身上的一個主要缺點。

在這以後，埃維特就特別注意怎樣做才更有益。此後不久，他去旁聽一次市政會議。發言的是一位在這個城鎮落腳不久，但已宣佈競選市長的公民。大家忍耐著聽著他那冗長的講話，內容是有關奶牛、牛奶價格和對農民贊助等問題。結束時，埃維特問身邊一個從事農業的朋友：「夏爾，你怎麼什麼也不說？奶牛、農民的需要都是你很熟悉的呀！」夏爾答道：「奶牛我是熟悉。但對政治我卻一竅不通。所以，我拉長耳朵仔細聽，努力希望能從中明白點什麼。」

這是一個很好的學習方法，兩年以後，夏爾就成了一個非常能幹的農業勞動者發言人。

埃維特曾指出，平時動不動就說「我知道」的人，頭腦遲鈍，易受約束，不善同他人交往。迅速和現成的回答表現的是一種一成不變的老一套思想；而敢於說「我不知道」，所顯示的則是一種自信，一種富有想像力和創造性的精神。

埃維特還說，如果我們承認對這個或那個問題也需要思索，或老實承認自己的無知，那麼，我們自己的生活方式就會大大地改善。

小紅帽生存鐵則

蘇格拉底講過：「就我來說，我所知道的一切，就是我什麼也不知道。」他以最簡潔的形式表達了進一步開闊視野的理想姿態。

在生活中最討人喜歡的幾個字也許是：「我不知道」。這表現了你的謙虛和對別人的尊重，能夠幫助你在贏得別人喜愛的同時，獲得很多有益的知識。

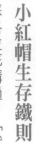

別把自己當作「中心人物」

想要糾正別人之前，一定要先反省自己。

傑瑞上大一的時候還是個毛頭小伙子，由於家庭經濟條件不太好，所以經常和父親發生口角。有一次，他又和父親吵了起來，一番唇槍舌劍後他甩門走了。

傑瑞快走進教室時，猛然想起自己忘了完成老師的作業了。這節課是教育學，老師是深受同學們喜愛的西蒙教授。

西蒙教授上課很有特色，早在開學第一節課他就發了一個特殊的作業：每星期二，同學們都要交給他一張寫有日期和姓名的卡片。至於卡片上還要寫些其他什麼，內容由學生自己決定。可以是一點感悟、一個問題、一種心情，但必須樸實無華，是真情實感的流露。星期三，老師會把寫過評語或答案的卡片發還給同學。

現在，傑瑞已經快遲到了。他掏出那張空白卡片，寫上日期和自己的姓名，接下來該寫些什麼呢？這時，他滿腦子只有與父親發生的那場爭執。「我是傻瓜的兒子！」衝動之下，他寫了這句話，然後走進教室，將卡片交給西蒙教授，找到一個空位置坐下。

星期三，西蒙教授照例將學生們的卡片還給他們。傑瑞看到老師在自己的卡片上寫道：「是不是『傻瓜的兒子』，與一個人未來的人生有多少相干呢？」

傑瑞的心爲之一顫！他常常把不順心的事情歸因於父母，總是想：「如果不是由於他們沒有錢，如果不是由於他們錯誤的干涉，如果不是他們沒有本事……我就不至於……」而對於自己卻缺少自知之明，還理直氣壯地認爲自己總是正確的。

西蒙教授提出的這個簡單問題給了他啓示，讓他從「自我中心」中跳出來，檢討自己，並學會去做一個有責任感的人。

當傑瑞不再把自己當作「中心人物」，開始對自己的行爲、選擇和情感負起責任時，一切就產生了變化。

一年後，傑瑞的學習成績提高了，他的朋友增加了，而他和父親的口角已經減少，直到完全消失了。

小紅帽生存鐵則

內省能力是一種重要的處世智慧。它包括個人能夠及時體察內心變化的能力、及時發現自我優缺點的能力和及時調整自我狀態的能力。改變別人是很困難的，即使改變了別人，你也不會有什麼進步。因此要多反省自己，時刻提醒自己還應該做得更好。從「自我中心」中跳出來，檢討自己，負起自己該負的責任，才能夠不斷進步。

一次難忘的考試

尊敬別人，就是尊敬自己。

在詹妮上護理學校的第二個月，護理學教授爲他們做了一次小測驗。詹妮是個學習非常認真的學生，順利地做完了前面的題目，可是最後一道奇特的題目卻難住了她。這道題目是：「你知道我們學校那位女清潔工的名字嗎？」

詹妮的眼前立即浮現出那位女清潔工的形象，她身材比較高大，一頭金黃色的頭髮，十分引人注目，詹妮每天在校園裡都能見到她。不過！她的名字是什麼呢？她記得她的識別證上有她的名字，名字的字體比較大，可是她從來沒有注意到她的名字呀！

詹妮以爲這只不過是教授和他們開的一個玩笑，就把那道題目空著交了試卷。

在交卷的時候，詹妮看到幾乎每張試卷的最後一道題目都是空著的。

這時，一位女生問教授：「最後這道題目真的會計分嗎？」

教授認真地說：「這不是開玩笑，這是一道嚴肅的題目。作爲護理專業的學生，你們畢業後會與許許多多的患者打交道，你們不但要好好護理他們，更重要的是要給他們心理上的關懷，要尊重他們。怎樣做到尊重他們呢？首先就是得記住他們的名字。校園裡的女清潔工每天爲你們辛勤勞動，你們有多少人記住了她的名字？你們有多少人見到她和她打招呼呢？」

那次的考試爲詹妮和同學們留下了深刻的印象，也讓他們學會了尊重他人。

小紅帽生存鐵則

一個不懂得尊重他人的人，是絕不會得到他人的尊重的。假如你漠視他人的存在，你就很難得到別人的重視。在日常生活中，尊重他人的最基本表現就是關注他人，關心他人，盡量去瞭解他人，當然不能忽視每個人都極為看重的東西：自己的名字。在與人交往中，要盡可能記住對方的名字，主動和對方打招呼。

沒有理由失禮

一個人要人緣好，要受人歡迎，一定要養成肯定別人與尊敬別人的習慣。

在查爾斯小的時候，他常在父親開的雜貨鋪裡幫忙。

雜貨鋪裡有一個不怎麼受歡迎的人，大家都知道他對妻子不忠的事，從道德上來講，他絕對不是一個值得尊敬的人。

孩子們稱呼其他成年男性都是「某某先生」，而對於這個「惡棍」，他們卻只願意稱他爲「喬」。

有一天，查爾斯的父親聽到了兒子與「喬」的對話，於是，便把兒子叫到了辦公室裡。

「兒子，」父親說：「我曾經告訴過你，跟長輩說話一定要謙恭。但是，剛才我聽到你在大聲叫他『喬』。」

兒子向父親解釋，爲什麼他要故意把「喬」和「史密斯先生」或「布朗先生」區別對待。

最後，兒子告訴父親：「先生」一詞是留給值得尊敬的人的，而那個傢伙他不配！

「他配不配是他的事，而你這樣對待他是你的問題。現在失禮的是你，年輕人！」父親說：「對一個人有看法不是你失禮的藉口！只有這樣，才不至於降低自己的水準，才能把自己和那些被鄙視的人區分開來。」

小紅帽生存鐵則

我們面對每個人時，都要持尊重的態度。不管他是貧是富，職位的高低，品行的好壞，人格都是平等的，千萬不可輕易冒犯那些自己不喜歡的人。一個人對別人不友善，就不可能贏得對方的好感，最終遭受損失的只能是自己。

先對別人表現出**誠意**

與人相處的時候，要先對別人表現誠意，先釋放出誠意，對方一定會以誠相報。

傑克是美國人，從小就想做水手，嚮往外面的世界，想先環遊世界後再回學校唸書。雖然他父親是醫生，家庭經濟環境許可，但是父母並不給他錢，他也沒向家裡要，高中一畢業他就先到阿拉斯加去伐木存錢，因爲阿拉斯加夏天日照很長，太陽到午夜才落下，三點多又升上來了，他一天如果工作十六小時，伐一季木的工資可以讓他環遊世界三季。

他在走遍世界兩年之後才回大學去唸書。因爲那是他在自己深思熟慮之下才決定念的科系，所以，三年就把四年的學分修完出來就業。他工作得很順利，可以說平步青雲，一直做到總工程師。

有一次，他告訴朋友一個小故事，說這件事影響了他一生。

他在阿拉斯加打工時，曾與一個朋友在山上聽到狼的嗥叫聲，他們很緊張地四處搜尋。結果發現，是一隻母狼腳被捕獸器夾住，正在哀嚎。

他一看到那個奇特的捕獸器，就知道是一個老工人的，那是他業餘捕獸，賣毛皮補貼家用的。但是，這個老人因心臟病已被直升機送到安克瑞契醫院去急救了，這隻母狼會因爲沒有人處理而餓死。他想釋放母狼，但母狼很凶，他無法靠近，他又發現母狼在滴乳，這表示狼穴中還有小狼。所以，他與同伴費了九牛二虎之力找到狼穴，將四隻小狼抱來母狼處吃奶，以免餓死。他把自己的食物分給母狼吃，以維持母狼的生命，晚上還得在母狼附近露營，保護這個狼家庭，因爲母狼被夾住了，無法自衛。

一直到第五天，他去餵食時，發現母狼的尾巴有稍微搖一搖，他知道他已開始獲得母狼的信任了。又過了三天，母狼才讓他靠近到可以把獸夾鬆開，把母狼釋放出來。母狼自由後，舔了他的手，讓他替牠的腳上藥後，才帶著小狼走開，一路還頻頻回頭望他。

他坐在大石頭上想，如果人類可以讓兇猛的野狼來舔他的手，成爲朋友，難道人類不能讓另一個人放下武器成爲朋友嗎？他決定以後要先對別人表現誠意，因爲從這件事中看到，先釋出誠意，對方一定會以誠相報。（他開玩笑說，如果不是這樣，那就是禽獸不如了。）因此，他在公司中以誠待人，先假設別人都是善意，再解釋他的行爲，常常幫助別人，不計較小事。所以他每年都升一級，爬升得很快。最重要的是，他每天過得很愉快，助人的人是比被幫助的人快樂得多。他對朋友說，他一直很感謝阿拉斯加的那段人生經驗，因爲這使他一生受用不盡。

小紅帽生存鐵則

當我們能夠學會以絕對的超然去愛或者瞭解每一個家人、朋友、鄰人、同事、敵人與環境的時候，我們的世界將會截然不同。畢竟，透過開闊與接納，人才能得到真正的快樂與愛。每個人都需要別人的關心、欣賞與肯定；每個人都渴望別人的關注、接納與友誼。因此，當你主動對別人散發出真誠的溫暖、關懷時，他們也將用同樣的方式對待你。這樣才能贏得和諧的人際關係。

不逃避**責任**才心安

有道德的人時刻都注意光明正大：內不欺己，外不欺人，上不欺天。

這是發生在美國的一個真實的故事。

二〇〇七年一月的某天傍晚，塞納昂駕著一輛福特汽車從波特蘭趕往謝里登簽一份訂購合約。因爲這是經過三個多月的艱苦談判才取得的成果，塞納昂異常高興，一路飛奔。

停車的時候，藉著燈光，他發現右前輪上似乎沾有異樣的東西，他走近仔細一看，很像血跡。爲了慎重起見，他又用手摸了摸，並放在鼻子前聞了聞，真的是一股刺鼻的血腥！塞納昂一下子緊張起來：難道是自己快速趕路時撞上了人？他反覆回憶，也沒有車子碰撞輾壓到什麼物體的印象。

塞納昂不放心，立馬上車發動引擎，調轉車頭，準備沿來路察看。這時，等待簽約的商業夥伴打來電話，催他快一點。塞納昂向他解釋說自己有急事，希望他能再多等幾個鐘頭。對方大爲光火，嚷道：「你這個不守時的傢伙！」隨即掛了電話。塞納昂怔了怔，那可是一筆三百萬美元的合約啊！可是，他還是驅車上路了。

在大霧濃重的夜色中，他邊開車邊沿途察看。最後，在高速公路行程一半的路邊，他看到了一個人躺在那裡，連忙停車下去。躺在地上昏迷不醒的是一位十三、四歲的女孩。她的頭部受了傷，血流了很多。他沒有多想，把孩子抱上汽車，向市內醫院疾馳而去。經過搶救，孩子脫離了生命危險，但還是昏迷不醒。

警方聯繫上了孩子的父母，這對喪失理智的夫婦哭喊著追打塞納昂。塞納昂不做辯解，默默忍受。家裡人都說他太傻，既然沒有事實證明他就是肇事者，何苦在把責任往自己身上攬？即便是他闖的禍，天不知地不曉的，爲什麼還要找麻煩？塞納並不多做解釋，他放下手頭的業務，每天在醫院陪著女孩，並及時支付醫療費用。

女孩昏迷了二十六天，塞納昂寸步不離地守護了二十六天，花費了三萬八千美元的醫療費。可喜的是，到了第二十七天，女孩終於清醒過來，並且向人們說出了事實的真相：事發當天，她到郊外寫生，返回途中，爲了抄近路，她越過防護欄上了高速公路，結果被一輛迎面駛來的摩托車撞倒了……原來，塞納昂車輪上的血跡，只是經過女孩身邊時將流到地上的血輾壓上去了。

事情真相大白，當地電視台便邀請他上新聞節目。主持人問塞納昂當時爲什麼不想逃避責任，又問他是否爲引火燒身平白無故損失了金錢、時間和精力感到後悔。塞納昂說：「當時我只是想到如果我不返回察看，我一輩子都不會安心。而且從事情一開始，我的做法就讓我安心，我哪會有什麼後悔？」

小紅帽生存鐵則

心理學家艾裡克．弗洛姆說：「一個人要學會怎樣聽見和理解良心的呼喚，以便按良心而行動。」安心是一個人做人的出發點，也是歸宿。當我們的良心不安時，做什麼事都可能會覺得不順利，生活也不會輕鬆、愉快。因此，在生活中，什麼時候都要無愧於良心。

為他人帶來歡樂的女孩

愛自己只會讓我們更孤獨，愛別人會讓我們更快樂。

瑪麗是美國東部的一位富有的鋼鐵生產商的女兒，她擁有這個世界上她想要的每樣東西，包括金錢、衣物、各種奢侈品等等。

第一次世界大戰爆發時，她卻要選擇去法國。當然，她的父親認爲她不應該去。最後，她說服了父親，雖然父親的讓步是不情願的。

她帶著自己的小提琴，因爲那時她已經是一位有成就的音樂家了，隨同夥伴一起來到了歐洲，在約瑟夫·迪斯科曼將軍領導下的第三區工作。

她去的主要目的是爲他人帶來歡樂，她相信她有這個能力和天賦。

她每天打掃食堂，然後，做滿滿的幾桶熱可可；然後又是洗盤子……而在這之前，她沒有洗過一只盤子；晚上，她和士兵們一起娛樂。

在這裡，隨處都可以看到瑪麗的身影，她用自己的小提琴爲大家演奏美妙的樂曲，那些小伙子隨著她的曲子歡快地歌唱，他們是多麼喜歡瑪麗。將軍也感激她能透過這種方式盡力爲戰士們提供精神食糧。

她在這裡堅持了很長時間，青年會領導安排她去巴黎工作，她卻要在這裡多待一段時間，繼續與大家分享快樂。

在歐洲的日子裡，瑪麗始終不願留在後方，她一直跟著戰士們，走到哪裡就把歡樂帶到哪裡。

在接受第一場戰火洗禮的前一天，牧師爲男人們安排一個聖餐會，她知道男人中有許多人將不會再回來，這讓她非常傷心。

在戰地醫院裡，她被安排參加救援活動，爲了照顧傷患，她曾經幾天幾夜沒有闔過眼。

爲此，迪斯科曼將軍特地頒發一張精美的嘉獎令表彰她。而她卻說，她在幫別人帶去歡樂的同時，自己也得到了快樂。

小紅帽生存鐵則

人生中，真正的財富不是金錢的積累，而是快樂的存儲。

如何才能得到快樂？拋棄仇恨、遠離煩惱、生活簡單、淡泊名利、常設身處地為別人著想、笑口常開、心中有愛。只要你真心去對別人，給予別人以快樂，你就能得到快樂的回報。

把快樂的香水噴灑在別人身上時，總有幾滴濺到自己。每天做一件令別人愉快的事，自己也會特別快樂。

能適應惡劣環境的動物

能屈能伸是一種智謀，這種智謀的功夫在一個「忍」字。所謂：「心字頭上一把刀，遇事能忍禍自消。」

據說，世界上最懂得裝死的動物是水熊蟲。

在一個名爲「動物星球」的電視節目中，實驗室的研究人員從鋼櫃取出盒子，裡面裝著幾顆花生般大小的苔蘚類標本。電視介紹說，標本裡有微小的動物水熊蟲寄居，牠們已經「假死」了一百二十年。只要給牠們幾滴水，不到一刻鐘便會「復活」。

水熊蟲真是一種奇怪的動物，牠的一生不知有多長，可是「僞死」的時間往往比存活的時間長了很多倍，雖生若死，雖死猶生，老是蟄伏於生死邊緣，那麼，默默偷生到底所爲何事？但這顯然不是哲學問題，在無比惡劣的環境中都死不了，說來真是一場可歌可泣的戲夢浮生。

據說，水熊蟲可以在很多極端的情況下存活：極高如喜馬拉雅山；極深如海底四千米；極高溫一百五十度；極低溫零下兩百度；極大的壓力六億帕斯卡，相等於大氣壓的六千倍；極度真空狀態百萬分之一毫米汞柱，接近太空狀態；極強酸度pH值一；極強鹼度pH值十三；極強輻射量下仍可在核戰後倖存；極度缺水下仍能蟄伏百年，滴水不沾。

科學家發現，水熊蟲在「十極」狀態中，可將身體縮成圓桶形，默默蟄伏，這「僞死」稱爲「隱生現象」，意即「潛在生命」或「潛在生機」。

這很值得人類學習。在不適合生存的狀態中會自動關閉所有新陳代謝系統，裝死頑抗，靜待百年一遇的「復活」時機。

小紅帽生存鐵則

古今中外做出傑出成就或做出轟轟烈烈事業的人，常常是那些能屈能伸的人。

屈，就是放下架子，善於讓步和妥協，採取一種「水往低處流」的謙恭態度；

伸，就是高高昂起頭，維護自己的尊嚴和權益，表現一種「捨我其誰」、當仁不讓的氣概。做人最重要的是要能夠審時度勢，能屈能伸。

當條件不利的時候，就採取韜晦策略，以靜待時機，積蓄力量，為條件適宜的時候大展宏圖奠定良好的基礎。

讀品文化-讀者回函卡

■ 謝謝您購買本書，請詳細填寫本卡各欄後寄回，我們每月將抽選一百名回函讀者寄出精美禮物，並享有生日當月購書優惠！
想知道更多更即時的消息，請搜尋"永續圖書粉絲團"

■ 您也可以使用傳真或是掃描圖檔寄回公司信箱，謝謝。
傳真電話：(02) 8647-3660　　信箱：yungjiuh@ms45.hinet.net

◆ 姓名：　　□男　□女　　□單身　□已婚

◆ 生日：　　□非會員　　□已是會員

◆ E-Mail：　　電話：(　)

◆ 地址：

◆ 學歷：□高中及以下　□專科或大學　□研究所以上　□其他

◆ 職業：□學生　□資訊　□製造　□行銷　□服務　□金融
□傳播　□公教　□軍警　□自由　□家管　□其他

◆ 閱讀嗜好：□兩性　□心理　□勵志　□傳記　□文學　□健康
□財經　□企管　□行銷　□休閒　□小說　□其他

◆ 您平均一年購書：□ 5本以下　□ 6～10本　□ 11～20本
□ 21～30本以下　□ 30本以上

◆ 購買此書的金額：

◆ 購自：　　市(縣)
□連鎖書店　□一般書局　□量販店　□超商　□書展
□郵購　□網路訂購　□其他

◆ 您購買此書的原因：□書名　□作者　□內容　□封面
□版面設計　□其他

◆ 建議改進：□內容　□封面　□版面設計　□其他
您的建議：

剪下後傳真、掃描或寄回至「22103新北市汐止區大同路三段194號9樓之1讀品文化收」

2 2 1-0 3
新北市汐止區大同路三段 194 號 9 樓之 1
讀品文化事業有限公司　收

電話/(02)8647-3663　傳真/(02)8647-3660
劃撥帳號/18669219　永續圖書有限公司

請沿此虛線對折免貼郵票或以傳真、掃描方式寄回本公司，謝謝！

讀好書品嘗人生的美味

小心！大野狼就在你身邊